"中国劳模"系列丛书

拄杖前行的"金手指"：
葛维军

王洁琦 / 著

吉林出版集团股份有限公司
全国百佳图书出版单位

图书在版编目（ＣＩＰ）数据

拄杖前行的"金手指"：葛维军 / 王洁琦著. --
长春：吉林出版集团股份有限公司，2023.4
（"中国劳模"系列丛书）
ISBN 978-7-5731-3079-2

Ⅰ.①拄… Ⅱ.①王… Ⅲ.①葛维军－传记 Ⅳ.
①K825.46

中国国家版本馆CIP数据核字(2023)第039590号

ZHU ZHANG QIAN XING DE "JIN-SHOUZHI"：GE WEIJUN

拄杖前行的"金手指"：葛维军

著 者	王洁琦	
组稿统筹	东北师范大学文学院创意写作研究中心	
撰写指导	余 弓	
责任编辑	宫志伟 石榆淼	
装帧设计	李 鑫	

出 版	吉林出版集团股份有限公司	
发 行	吉林出版集团社科图书有限公司	
地 址	吉林省长春市南关区福祉大路5788号 邮编：130118	
印 刷	唐山富达印务有限公司	
电 话	0431-81629711（总编办）	
抖 音 号	吉林出版集团社科图书有限公司 37009026326	

开 本	710 mm×1000 mm 1 / 16	
印 张	8.25	
字 数	85 千字	
版 次	2023 年 4 月第 1 版	
印 次	2023 年 4 月第 1 次印刷	

书 号	ISBN 978-7-5731-3079-2	
定 价	40.00 元	

如有印装质量问题，请与市场营销中心联系调换。0431-81629729

　　劳动创造财富，劳动创造幸福，劳动创造未来。习近平总书记在2020年全国劳动模范和先进工作者表彰大会上的讲话中指出："全社会要崇尚劳动、见贤思齐，加大对劳动模范和先进工作者的宣传力度，讲好劳模故事、讲好劳动故事、讲好工匠故事，弘扬劳动最光荣、劳动最崇高、劳动最伟大、劳动最美丽的社会风尚。"当今世界，综合国力的竞争归根到底是科技人才和高素质劳动者的竞争。改革开放以来，我们强大的工人队伍用辛勤劳动和拼搏奉献推动中国制造、中国智造、中国创造走向世界的前列，新时代的中国面貌日新月异。大力弘扬劳模精神、劳动精神、工匠精神，加强高素质技能人才队伍建设，打造一支宏大的知识型、技能型、创新型劳动者队伍是伟大时代赋予我们的历史责任。

　　劳动模范是民族的精英、人民的楷模，是共和国的功臣。自改革开放以来，广大职工勇立改革潮头，独立自主，奋发图强，勇于创新，其中涌现出一批批全国劳模和大国工匠，他们参与建设了代表中国高度、中国速度、中国深度的一系列重大工程，提升了国家实力，打造了"中国名片"，树立了"中国品牌"，增添了"中国力量"，充分释放出工人阶级的创新活力，展示出大国工匠强大的创造能力。他们以工人阶级的满腔热忱在各自平凡的工作岗位上创造了辉煌的业绩，书写了新时代的壮丽篇章。

爱岗敬业、争创一流、艰苦奋斗、勇于创新、淡泊名利、甘于奉献的劳模精神，崇尚劳动、热爱劳动、辛勤劳动、诚实劳动的劳动精神和执着专注、精益求精、一丝不苟、追求卓越的工匠精神，是广大劳动群众在社会生产实践中锤炼形成的弥足珍贵的精神财富，是工人阶级伟大品格的具体体现，是民族精神和时代精神的生动体现。民族复兴需要劳动模范，祖国强盛需要大国工匠，中国制造、中国智造、中国创造更需要大国工匠的强有力支撑。劳模、工匠等的成长故事、先进事迹中承载的劳模精神、劳动精神和工匠精神，是激励全国各族人民团结奋斗、勇往直前的强大精神力量。

"中国劳模"系列丛书，采用图文结合的方式，讲述全国劳模、大国工匠和先进工作者的成长经历及他们追梦、筑梦、圆梦的故事，用他们在平凡岗位上创造不平凡业绩的真实故事感染读者，形成劳动最光荣、劳动最崇高、劳动最伟大、劳动最美丽的社会风尚，引导广大技术工人和青少年形成劳动光荣、技能宝贵、创造伟大的观念。

"匠心筑梦，强国有我。"新时代是万象更新、生机勃勃的时代，也是一个继往开来、创新创业和建功立业的大时代。希望广大读者能以劳动模范为楷模，以大国工匠为榜样，立志技能报国、技术强国，踔厉奋发，勇毅前行，锤炼思想品格，汲取劳动智慧，勇于担当、勤于钻研、甘于奉献，为推进新型工业化和乡村振兴，加快建设制造强国、质量强国、航天强国、交通强国、网络强国、数字中国、农业强国，为全面建设社会主义现代化国家贡献青春力量。

中华全国总工会副主席（兼）

中国航天科技集团有限公司第一研究院

211厂14车间高凤林班组组长

2022年11月

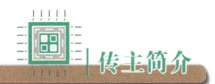

传主简介

葛维军，1963年6月生，江苏南通人。南通职业大学正高级讲师，享受国务院特殊津贴，全国技术能手，全国自强模范，全国五一劳动奖章获得者，江苏工匠。

葛维军十四个月大时，因患小儿麻痹症致使右腿残疾。1980年，葛维军在高考中取得优异成绩，却因身体残疾未能如愿上大学。面对多年理想的瞬间破灭，葛维军并未自暴自弃，而是通过自学大学无线电专业的课程，先后取得西北工业大学机械电子工程专业专科和华东理工学院自动化专业本科毕业证书。

1985年，葛维军凭借过硬的专业技术，破格成为南通技工学校（今南通技师学院）的临时工。1995年，葛维军成为南通职业大学讲师，开始从事电子专业教学工作。首次到南京、北京参加首届全国家用电子产品维修技术大赛。2018年9月19日，当选中国残联第七次全国代表大会主席团委员和中国肢协委员。2019年5月16日，葛维军作为全国自强模范，参加全国自强模范暨助残先进表彰大会，受到习近平总书记、李克强总理等党和国家领导人的亲切接见。

作为教师，他为人师表，恪尽职守；作为技术人员，他心系大我、潜心钻研。葛维军用自己的人生经历诠释着，只要心怀梦想，拄着拐杖也能走向成功。

目 录
CONTENTS

第一章　家贫身残志犹坚

　　通州古城，钟灵毓秀，据江海之会，扼南北之喉。作为中国近代文化科教史上创办第一所师范学校、第一座民间博物苑、第一所刺绣学校、第一所戏剧学校等"七个第一"的南通，被称为"中国近代第一城"。这里文化深远、历史厚重，哺育了一代又一代勤劳、善良、温厚、质朴的人民。1963年，新中国历史上出生人口数最多的年份。这一年，与全国2934万新生儿一起，葛维军降生了。那时谁也不曾想，这个出生在困难家庭、身患小儿麻痹症导致右腿终身残疾的孩子竟有着异于常人的信念和意志，能够从寂落的村庄走出南通，走向北京，成为江苏工匠，成为劳动模范。

幼年患病

父亲葛丁武和母亲陈金美是土生土长的南通人，承袭了世世代代南通人民的淳朴与勤恳。他们古道热肠、与人为善，日子过得虽然清贫，但苦中有乐，平淡中洋溢着小幸福。

1963年6月的一天，阳光和煦，微风不燥。一声啼哭打破了这个小家往日的寂静。喧闹声、欢笑声充斥着葛家小院。左邻右舍、亲朋好友纷纷赶来道贺，为这个小家庭迎来新生儿感到高兴。葛维军的降生，也给葛丁武和陈金美带来了从未有过的、如此之多的欢乐。

作为葛家这一代第一个出生的孩子，葛维军被父母寄予了厚望。父母二人没念过多少书，唯独希望他们的孩子能通过学习文化知识走出农村，成为对社会有用的人。

然而，天不遂人愿，事常逆己心。十四个月大时，不幸降临到了葛维军身上——他患上了脊髓灰质炎，也就是俗称的"小儿麻痹症"。这种病毒主要侵犯并损害脊髓和大脑的神经系统，引发肌肉萎缩，导致葛维军右腿运动功能基本丧失。当时没有特效药，一旦染上基本只能靠人体自愈，致死致残率极高。直到1962年，糖丸减毒活疫苗的成功研制才有效地阻断了这一病毒的传播。

父母怎么忍心眼睁睁地看着葛维军遭疾病蹂躏！夫妇二人省吃俭用，几乎倾家尽产，不论是道听途说还是信而有征，只要有一丝希望，他们都不曾放弃对葛维军的治疗。但受当时医疗条件和经济条件的限制，葛维军的病一直没能治好。从此，这个未谙世事的孩子与拐杖结下了不解之缘，也注定了他的人生要比常人多出更多的艰辛与坎坷。

一次，葛丁武听人说乡里的卫生院可以治这种病，夫妻二人欢喜得很，仿佛抓到了一根能把儿子从谷底拉到山巅的救命稻草，借了自行车就立即启程，推着葛维军看病去了。葛维军坐在自行车后座上，一路上颠簸着，晃晃悠悠，好容易到了。

上了手术台才知道，原来是要将钢丝穿到大腿和小腿里面拉神经。最关键的是，为了保证治疗效果，手术中不能使用麻药。这对一个四五岁的孩子而言，无疑是十分痛苦的。手术室里接连不断地传来撕心裂肺的哭喊声，葛丁武夫妇站在几百米远的地方都能清晰地听到，霎时泪如雨下，如果可以，他们多想代替葛维军来承受病痛啊！可怜的葛维军，坚强的葛维军！可遭受了手术的一番折磨后，病情依旧没有好转。当时他们不知道，这种病除了通过后期康复训练可以稍微减轻症状外，基本是治不好的，只能落得终身残疾。那次手术后，葛维军右腿留下的大大小小的几十个伤疤，至今仍依稀可见。

当时，一般家庭有两个孩子，而葛丁武夫妇考虑到葛维军生病需要人照顾，自己不能永久陪伴，多些兄弟姐妹，葛维军的日子也会好过些，因此在葛维军之后，葛家又添了两个男孩儿。别的家庭四口人，葛家一家五口，虽然不富裕，倒也其乐融融。

可不幸的是，在葛维军7岁时，葛丁武患上了慢性肝炎，长期不能干重活。家里家外、大大小小的事宜都需要陈金美一人操持。没过多久，葛维军的大弟弟又患脑膜炎。一次又一次的意外，让这个本就不富裕的家庭更是瓦灶绳床、雪上加霜。母亲一人挣取工分，很是辛劳。家里常年透支，要靠亲戚朋友接济才能勉强维持生计。

都说穷人家的孩子早当家。葛维军从小目睹家庭的变故和父母的劳碌，真切地体验着生活的艰辛和生命的无常，故而有着吃苦的自觉和奋斗的意识。"妈妈，你去上班，早饭我来做。""爸，吃药了！"一边说一边捧着碗给弟弟喂饭。他拄着四腿木凳挪动着，缓中带稳，话也不多，但句句暖人心。尽管自己身患疾病，他也能够并愿意为家人承担做饭、洗衣等家务，以自己弱小的身躯为这个清贫的家庭撑起一方小小的天地。

童年在大多数孩子的记忆里都是金黄色的、快乐无比的，而葛维军却过早地承担起了照顾家庭、照顾弟弟的担子。但这并没有阻碍他渴望学习文化知识和探索未知世界的脚步。

欢喜上学

生病使得葛维军上学比一般人稍晚些。

　　看着一起长大的小伙伴们纷纷背起小书包，欢欢喜喜地踏进学校的大门，葛维军羡慕极了。他渴求知识，渴望和小伙伴们一起学习、玩耍，更希望自己能像他们一样，迈着欢快的步伐走进教室。可这一切，对右腿残疾的葛维军而言，是奢望，是遥不可及的梦。然而内心再渴望，懂事的葛维军也从不哭闹吵嚷，从不向父母抱怨。只默不作声地静待着。

　　1971年，葛维军八岁了。虽然没上学，但也并未阻挡葛维军对学习的满腔热忱。放置在卧室一角的编织袋里装着几本书，有的是向伙伴、朋友借的，有的是葛丁武到旧书市场买的，葛维军视若珍宝。其中一本《十万个为什么》是葛维军借来的。母亲告诉他，借别人的东西不要太久，看完了要尽快还回去。他像一个读书机器一样，白天忙完了家务，晚上坐在昏暗的煤油灯下，使劲瞪大眼睛，一字字、一行行地品读，生怕遗漏了。可是他哪里识得那么多字呢，遇到不认识的字他就去问父亲，父亲也不认识的，只能圈起来，攒一堆生字之后找村里最有文化的人去问。久而久之，葛维军还没上学，就和同龄的孩子一样，认得不少简单的字了。

　　"爸，什么材料最坚固又最不坚固？""有空气做成的墙吗？""为什么衣服能保暖，妈妈？"葛维军带着满脑子的问号，向父母提出各种各样的问题，有的令父亲母亲也无言以对。夫妻二人虽然文化程度不高，但生活在自古崇文重教的南通，他们深知知识的重要性。当葛维军提出一系列他们解答不了的问题时，他们便意识到，该送孩子上学了。

"家里本就困难，我挣来的工分和打杂工所得连维持生计都勉强，哪有多余的钱给儿子交学费啊！"母亲呜咽着说。父亲沉默了一会儿，低声说："我去借。无论如何，要让儿子多学些知识，就算干体力活儿，也得有知识、有文化。"母亲听了默默点头。

二人经过一番商讨，决定送儿子去学校念书。这对求知若渴的葛维军来说，简直是天大的喜讯。他拉着妈妈的手，开心得不知如何是好。看到儿子心愿得以满足，夫妻俩也欣慰地相视而笑。有儿如此，别无所求；有父母如此，夫复何求。

葛丁武亲手做了一根丁字形拐杖，方便葛维军拄着拐杖去上学。在这之前，葛维军都是用木头凳子挪着走路的。陈金美找来一大块帆布，为即将上学的儿子精心缝制了一个书包。说是书包，其实就是把帆布缝成一个大口袋，再缝两根麻绳当书包肩带。

葛维军眼看着自己的上学梦就要实现了，心里别提有多美了。他回想着爸爸妈妈常对他说的话："孩子，你要好好学习，成绩好将来才可能有出息，否则这一辈子都只能在家里待着，没有其他出路了。"此时的他对于命运、人生这类熟悉又陌生的词语并不敏感，只知道自己一定要学习知识、学出成绩、学出个样儿。

八岁的葛维军终于得偿所愿。这天微风徐徐、阳光明媚，他在父母的陪同下，来到五总人民公社育新小学（所在生产大队的民办学校），和伙伴们一样，坐在了课堂上，畅游在知识的海洋里。

葛维军坐在木头椅子上，胳膊架在课桌上。桌椅虽然不新，但他终于有了属于自己的学习桌，他内心狂喜着。一平方米不到的小天地，滋养着葛维军幼小的求知心灵。

　　小时候，除了对《十万个为什么》不断追问，葛维军最爱读的书莫过于《发明大王爱迪生》。他从字里行间品读着发明大王爱迪生一生成功的故事，爱迪生的勤奋与坚持深深地感染着他，小小的梦想正在葛维军心灵深处悄悄地生根、发芽。

　　于葛维军而言，学习上的问题再困难、再棘手，也有迹可循、有法可解。然而身体上的不便是无法回避的。葛维军的右腿完全不能用力。百分之九十五的力气都要倚靠拐杖，所以对拐杖的要求非常高。他的拐杖没有拐杖头，容易滑落；而且木制的会有磨损，常常硌得腋下很痛。拐杖不合适，上下学的路更是难走，摔跤对葛维军来说就成了家常便饭。最严重的一次，因摔倒左手虎口软组织受伤，疼了十个月。上一次的伤刚刚痊愈，他又跌了一跤，导致膝盖除破皮外，因膝盖骨头畸形，突出来的骨头常常也很疼，每次都要疼上一个月不止。回到家，母亲边擦眼泪边给葛维军上药，葛维军安慰母亲说："没关系，妈，虽然摔破了皮，但我学到了知识呀。即使摔再多次，也是值得的。"母亲听了又心疼，又欣慰。

　　若干年后，葛丁武从一名残疾军人那里要了一根被淘汰的旧拐杖，高度可以调节，承重力也增强了许多，葛维军一用就是二十年。求学路上的这份艰辛，可想而知。

　　即使被命运无情地摆布，葛维军依然想挣脱命运的枷锁。他从不抱怨命运之错，只朝着自己梦中的地方去努力。

　　有一次，学校组织到社会上参加社会劳动课，由于离家比较远，葛维军中午只能到生产队里吃午饭。那时白米饭是稀有食物，基本都吃糁子饭——把米和元麦磨碎了混合起来煮的饭，是苏中特产。这饭很硬，不太好吃。葛维军自小成绩好，听话懂事，邻里乡亲都喜爱他。大家把仅有的一碗白米饭全部盛给了葛维军，整整一大碗。他眼含热泪，嘴里一边嘟囔着"谢谢"，一边沉浸在品尝这碗白米饭中。大伙知道，葛家条件不好，除了招待来客，平时是绝对不舍得吃白米饭的。不要说白米饭，葛维军在姥姥家吃到的馒头干已经是奢侈品了。

那碗米饭，是葛维军记忆中最好吃的一顿饭。

艰苦的学习生活

我们无法预知未来会发生什么，葛维军同样如此。生活赠予什么，他就接着；岁月拿走什么，他就看着。

1978年，葛维军从五总人民公社育新小学初中毕业。当时没那么多学校，师资更是不足。小学阶段就是几位民办教师外加大队里稍微有点儿文化的文艺宣传队的人一起教学。小学毕业后，没有正式的初中可上，只能是原来的小学老师继续教初中课程。说是初中，实则直到毕业，语文老师也只有初一的文化水平，当年只是文艺宣传队里拉二胡的乐器手。教物理、化学的老师是文艺宣传队跳舞蹈的。学校里一直没有英语老师，葛维军直到初中毕业时还没学过英语，二十六个英文字母也读不全呢。小学到初中，真正能学到的知识屈指可数。

葛维军上学时是出了名的学霸，上课认真，一学就会。他为了有更多的时间帮家里干活，平时的作业都在学校完成。初中毕业前，有一次全县模拟考试，考完后，针对物理试卷中的一道题，别人的答案都一致，就葛维军一人与大家不同。老师说他粗心，葛维军坚定地说："老师，我没错。""这是书中的例题，我们怎么会错呢……"同学们七嘴八舌地讨论着。老师定睛一看，果真是例题，但试卷的题目中少了一个字，细细分析，答案就不一样了。结果，全班学生，只有葛维军的答案是对的。

这次考试之后，葛维军成了老师和同学公认的"小学霸"，同学们有什么不懂的问题，无论哪科，都来向他问询。大家把葛维军围起来，他就像一名小老师一样，耐心、细心地给同学们答疑解惑。有几次到放学时间了，天色也暗了，可是题还没讲完。葛维军就把大家伙儿领到家里，把饭桌当成"讲桌"，饶有兴致地讲起题来。

葛维军既勤奋又好学。当他做题时，伙伴们叫他出去玩，他是一定不会去的。久而久之，同学们如果见他在做题，就悄悄地出去，不再打扰他。

功夫不负有心人。初中毕业，葛维军以优异的成绩考取了中专，但因腿部残疾没能如愿去上学。老天爷终于睁眼看了看他，给了他一些眷顾。当年"文革"后，县城高中（简称县中）在全县挑选成绩好的学生，葛维军所在的五总人民公社初中毕业生有1000多人，只有5人被县中录取，他是其中之一。当时，县中在农村的录取分数线比在城镇的高出整整三十分，在这样小的概率下，幸运之神终于降临到葛维军的头上。一分耕耘一分收获，葛维军激动万分，都说越努力越幸运，他深信幸运之神是自己努力请来的。

被县中录取后，一个邻居在河对面与葛丁武说："你儿子腿不好，一个人去县城上学，生活方便吗？你们放心吗？"葛丁武毫不犹豫地说："哪怕到北京上学，只要他考得上，学得进，我们也让他去，越是残疾越要有文化。"父亲的这段话，葛维军至今想起来，仍然热泪盈眶。

葛维军期待已久，终于来到了县中报到。期待的同时，陌生的环境、陌生的知识、陌生的面孔，也让他隐隐地担忧着。葛丁武进学校给儿子办理入学手续，葛维军只在校门口旁边的角落里等着，他担心学校、老师知道自己的右腿不好而被拒收，不想被他们看见自己拄着拐杖的样子。

可当葛维军真正走进学校、走进班级时，先前那些担忧和自卑就统统消散了。同学们是那么善良、友好，老师也经常给他特别的关心、关照。在这个新集体里，葛维军被爱与温暖包围着。

两年的高中生活（从1981年开始，南通地区部分初中、高中开始三年制），葛维军一直住在学校里。他生活得很俭朴，高中期间，没穿过一件新衣服，衣服坏了、蚊帐坏了就自己缝补，补洞的布是从家里找了带来的。一次补衬衫领子时，一名同学还调侃葛维军，说他像学缝纫的女孩子。

两年中，葛维军每个月的菜钱只有五元，每两周可以吃上一次少得可怜的红烧肉。印象中，家里一年只吃两次肉，一次是春节，另一次是家里卖猪，只有这时父母才舍得给家里留一点肉。于是，懂事的葛维军想把红烧肉带回家给父母和弟弟吃。到了有肉吃的这一天，他把饭盆端回宿舍，悄悄把肉用塑料袋密封起来，紧紧包裹住，放到专门带咸菜的小罐子里，心里美滋滋地想着：这下不用等过节，爸妈和弟弟就能吃上肉啦，"馋猫"小弟弟那口水等着流三米长吧。可将近一个月之后，等葛维军把两次攒在一起的肉带回家时，发现肉早就发臭了。

小弟弟捧着罐子，一边大哭一边拽着爸爸的衣角喊："我想吃肉，爸爸，我要吃红烧肉……"葛维军抱着哭喊的弟弟，父亲葛丁武躲到门外，狠狠地捶打着自己的胸脯。当时，全家人都哭了。

命运的玩笑

葛维军从小就是个不甘示弱的孩子。虽然小学和初中成绩优异，但毕竟教学条件、学习资源有限，和县城里的孩子相比，葛维军意识到，自己是有欠缺的。高中的两年，他抛开所有杂念，拼尽全力，日夜苦读，在学习上从不含糊。除了完成老师布置的学习任务外，他时常给自己"出难题"。别的孩子觉得学习枯燥无味，他却畅游书山题海；别的同学就题论题的时候，他已经能够掌握好几种解题方法了；别人在课上昏昏欲睡时，他在"锥刺股"，用笔尖

⊙ 南通县城高中毕业合影（前排右五为葛维军）

使劲儿地扎自己大腿，他当然也困，可是，为了能考上自己梦寐以求的大学，再苦、再累、再困，他只有一个字：忍。

高一时的一次期中考试，由于数学题偏难，葛维军的成绩不及以往，但仍是班里的最高分。其他同学七嘴八舌地抱怨着："这么难的题谁做得出来呀！"葛维军却在一旁深思：如何利用旧知识解决新问题。他沉浸在解题的思路中，周围的喧嚣在他眼里，仿佛全部归于安静。

寒来暑往，秋收冬藏，葛维军比别人读了更多的书，做了更多的题。他的大学梦在校园的一隅、在微弱的灯光下、在拐杖留下的深深印迹里悄悄绽放。

十八岁那年，葛维军和其他同学一样，备战高考，参加高考，取得的分数比南京工学院（现在的东南大学）的录取分数还要高出几分。他窃喜，自己的大学梦终于要实现了。正当他憧憬着美好而丰富的大学校园生活时，一个消息如同一瓢冰冷的水，浇灭了他心中一直熊熊燃烧着的火焰。由于体检不合格，葛维军直接被刷掉。他写信给江苏省教委，得到的回复却是一纸冷冰冰的体检标准，上面明晃晃地写着：考生必须具备运动能力，两条腿的长度相差不超过三厘米。葛维军把体检标准拿在手里，心痛得仿佛在滴血。他反复叩问：为什么上天对我如此不公？为什么厄运都落到了我的头上？无奈的他，只能强忍着内心的悲痛回家务农。

眼看着身边的大部分同学都上了大学，葛维军曾一度绝望，他边哭边捶打着自己的右腿，也曾懊恼，也曾抱怨……一个同龄

⊙ 十八岁高中毕业时的葛维军

亲戚骑车三十里路带他去母校县中，询问是否可以复读参加第二年高考。老师反复做葛维军的工作，说这是国家的政策，明年乃至后年，是不会这么快改变的，告诉他再想想其他的出路。

多年的梦想瞬间破灭，葛维军看不到自己前方的路，也不知道接下来等待他的究竟是什么样的命运。他多渴望能走进大学校园，在自己喜欢并擅长的物理专业上继续钻研。他想成为爱迪生那样的能人，去发明，去创造，去探索小时候在书上看到的那些让自己费解的问题。而这一切，现如今都成了虚无的幻影。

上天仿佛和这个时运不济的孩子开了一个巨大的玩笑。然而，无论面对何种际遇，我们能做的就是过好当下，尽力而为。葛维军并不想一蹶不振，他还是相信，这扇窗总有一天会为他而开。只是，面对现实的残酷，葛维军一时间有些束手无策。

那段时间，家门前磨得发亮的石阶上，留下了葛维军孤独、落寞的背影。

在这不到一个月的日子里，葛维军苦思冥想，坐立难安，他感到前所未有的迷茫和怅惘。未来将何去何从？难道要碌碌无为、终其一生吗？这时的葛维军，仿佛一眼就能看到以后的日子是什么样的。迷茫中，他选择用看书来打发时光。

在名人传记里，葛维军读到了曾国藩的经历。曾国藩出身不高，自小资质平凡，参加了七次科举考试都未能及第。想来若是换作普通人，或许早就放弃了。可曾国藩骨子里那股不服输的劲儿，促使他在屡次失败中汲取教训、累积经验。摸索出失败的原因后，他立即修正错误，找到正确的学习方法。也许没有前面七次失败的经验，就未必有后面顺利地一路高中。看到这里，葛维军恍然大悟。他意识到，人生很漫长，如果因为一次失败就放弃自我成长，必定会一事无成，任生活宰割。只有成为命运的主人，才能左右自己人生的航向。或许再多试几次，困难就能成为进步的垫脚石，一路扶摇而上。

自那以后，葛维军始终保持着清醒的头脑，他的想法也很坚定：即使不能上学，在家也好，外出做工也好，都要多读书，多积累，不能放弃学习，不能浪费大好的光阴。

尼采曾说：一个人能成为现在这个样子，其前提是，他根本没有料想到自己会成为这个样子。因此，个人在生命历程中的失误，对于自己使命的短暂偏离，以及浪费时间的犹豫、退缩和狂热，都具有独特的意义和价值。现在想来，这些看似是磨难的经历，或许也正在慢慢地塑造着、成就着后来的葛维军。

⊙ 南通县城高中毕业30周年合影（后排右四为葛维军）

第二章　哀哀父母多劬劳

　　父母是孩子的第一任老师，也是最好的老师。春晖寸草，山高海深。母亲勤劳能干，父亲聪明正直，葛维军从小接受父母爱的教育，在爱与被爱中慢慢长大。他能够一步一个脚印地走到今天，走向成功，是父亲母亲在他幼小的心灵深处播下了信仰的种子，潜移默化，逐渐蔓延，让他有信心、有勇气、矢志不渝、坚定地走下去。在葛维军的人生中，父母像是为他指路的灯塔，为他照亮前进的方向。小时候，灯塔在身边；后来啊，灯塔在心中。

家贫仰母慈

　　葛维军的母亲陈金美一生温和坚韧、刚强勇敢，将为人妻、为人母的责任尽到了极致。葛维军在母亲身边，观其笑颜，体其无私，感其奉献。

　　葛丁武患病后，全家的开支全靠陈金美一人劳动所得，全家人吃的口粮也基本都要靠她挣工分换取。所以，她每天夙兴夜寐，干得比别人多、比别人快，更比别人干得好。陈金美虽然自己活计多，但只要有空，她总会主动帮助人家，生产队的同伴们都说她善良又能干，和她相处得十分融洽。因此，当葛家有困难时，许多人也会出手相助。每年收和种的大忙季节，她都主动去帮别人家干活，等葛家忙不开时，乡邻们自然不会无动于衷，知道葛丁武干不了重活，纷纷前来帮忙。这让葛维军深切地感受并体验着被人帮助的温暖和帮助他人的快乐。

　　葛维军做过的最多的活计当属拣棉花了。

　　南通自古以产棉著称，历史上有"木棉花布甲诸郡"的说法。据1934年出版的《江苏省鉴》载："本省棉花，全国著称，通州棉声誉极佳，江苏省产棉区域中，亦以通州棉田为最多。"

　　拣棉花是棉花从采摘到出售过程中一道必要的工序，在采摘的过程中会有花叶等杂物粘到棉花上，同时还有一些长势不完美的棉花，可能还有被虫子蛀坏的……这些棉花会被集中到一起或拿回家晒干，葛维军需要做的是把好棉花挑出来，将花叶等杂质去除，再按高、中、低三个等次分类。母亲做这些农活时，如若葛维军能帮得上忙，一定叫上他一起做。他的小手可灵巧了，眼睛也灵活，不一会儿就挑出一大堆。他认真的样子，像极了搞科学研究的小学者。

农闲时，陈金美也不闲着。一家老小的单鞋、棉鞋，几乎所有的鞋都是陈金美亲手所做。她心灵手巧，不是纳鞋底就是织毛衣，无论做什么都像模像样。受母亲影响，葛维军也会点儿针线活儿。在外学习时，衣服坏了自己补，纽扣掉了自己缝。早年睡觉盖的棉被，不像现在用被套套着，每次洗后都得自己缝被面被里。在针线活计上，葛维军比同龄的女孩儿做得还好。

在劳动的过程中，陈金美教孩子们方法和技巧，她要求他们虚心学习，先认真学会，在会做的前提下做好，进而做得更快。她把毛主席讲的"多、快、好、省"发挥到极致。家里收入不高，花销却不少，常常入不敷出，一年到头也攒不下什么钱，但陈金美要强，宁可辛苦十倍也要多挣一个工分。

在陈金美单枪匹马的"战斗"中，家庭生活也渐渐好转了。她做事不怕苦、不怕累和不服输的品质，对葛维军后期的成长和事业起到了至关重要的作用。

那些年，葛丁武刚生病时在南通医院住院，有时陈金美在生产队吃了晚饭后，又被叫去挑灯夜战，上夜工。不停歇地干两个小时的活，再一个人骑车到医院给丈夫送吃穿的东西，一刻也不能休息，再骑车赶回家。天亮后、早饭前继续上早工。

葛家到南通市里有近百里的路要赶。长途汽车车次少且贵。陈金美只骑自行车从家赶往医院，沿途要经过骑岸、同乐、沙场、金沙等十多个乡镇。晴天还好，若是碰上雨天，道路泥泞，骑车前行十分困难。陈金美在这种情况下赶着路，几乎整夜不能合眼。回到家后，葛维军总会打好一盆热腾腾的洗脚水，呼唤着母亲："妈，泡脚咯！"陈金美满脸的疲惫中透露出微笑，轻声回应："好。"

"母亲在如此艰难的情况下，活儿干得又快又好，一点儿不比别人差。"葛维军每每遇到棘手的问题时，都会想起劳碌的母亲，"一想到坚强的母亲，我就不抱怨了。"生活的艰辛被母亲的温柔与坚强消解掉大半。在他心里，母亲不仅给了他生命，养育了他，还让他看到了人生中最重要的是对生活的期盼和希望。

葛维军从小温暖、勇敢。母亲时常给予他的无条件的赞许，使他收获着成就感，并影响着他的一生。

父爱深沉，稳重如山

葛丁武虽然身体不好，但会将为人处世的点点滴滴都教给孩子们。葛维军在父亲身边，耳濡目染，学着做人，仿效做事。

　　葛维军很小时，葛丁武就教他和弟弟下象棋，所以，在同学们还不知道象棋具体的玩法时，葛维军就能下得很好了。象棋里的很多方法和谋略，不仅仅在游戏中，更在生活里、在人生中尽显。下雨天上学，都是烂泥路，葛维军走路困难，而且经常摔倒。有时，父亲会背着他上下学，一边走一边念叨着："这人的一生啊，就是一条路，有平坦的，有坑洼的，有笔直的，有曲折的，可无论什么路，只要你坚持走，不停地走，最终都会到达你想去的地方。"这几句话一直被葛维军记在心中，从似懂非懂到渐渐领悟。许多同学都羡慕他学习好懂得多，称他为"军师"。其中有父亲不小的功劳。父亲的爱虽然深沉如山，但从不吝啬表达对孩子的爱。他知道，一个孩子只有小时候得到很多的爱，以后才能把更多爱带给他人、带给社会。工作以后，葛维军愿意伸出援手，帮助那些家庭困难的孩子，这和父亲的爱和影响有着密不可分的关系。

　　葛维军九岁时，父亲就教他游泳。他一直以为，自己只能看别人游泳。但父亲把他抱到河里，说："水里可以少用腿，你肯定行的。"果不其然，葛维军很快就学会了，每到夏天，他都和小伙伴们到河里戏水嬉闹。此时，葛维军觉得父亲赋予了他无限的力量去感受生活、体验快乐。

　　初中时，葛维军有一次在放学的路上恰逢倾盆大雨。道路泥泞，葛维军又拄着拐杖，根本无法下脚。绝望中，葛维军隐约看到前方有个身影，他定睛一看，是父亲。葛丁武看到儿子后，连忙脱下雨衣，背起儿子往家走。到家时，葛丁武的衣服已经湿透了，轻轻一攥就攥出了水。葛丁武患病，本就体弱，当天晚上就发了高烧，大病了一场。

父母之爱子，则为之计深远。为了让葛维军将来能自食其力，起初父亲想让他学习篾匠（早年手工编制淘米洗菜的竹篮子等竹制工具的职业）。"篾"即劈成条的竹片，篾匠的基本功就是把一根完整的竹子弄成各种各样的篾条，编织成竹篮等工具。南通地区沿江高沙地带，土壤深厚肥沃，这里生长的竹子，不但长势好、产量高，而且篾性好，且多为便于劈篾条加工的竹种。篾匠手艺是一门细致活儿，要经过多年磨炼才能达到精熟的程度。而且篾匠是坐着干活的，葛丁武觉得，葛维军聪明、手巧且认真，肯定能做得很好。但又转念一想，制作加工竹篮子的原材料是竹子，需要到市场上购买竹子，再将成品拉到市场上卖，交通问题葛维军无法解决。目前父母还能帮忙，可他们老了以后怎么办呢？

葛丁武还为葛维军物色了另一个活计——做雕刻。葛维军自小写字好，画画也好，如果做雕刻，或许也能做好。但葛丁武又转而一想，要想把雕刻技术练到炉火纯青的境界，需要有深厚的艺术功底，光靠自己探索也是很难的。且在乡下受众群体太小，生意难做，不好谋生，于是打消了让他学雕刻的念头。

所以，葛维军后来选择学习无线电，也是父母的意愿。葛丁武觉得，要学手艺也得学点发展空间大的、能有所作为的手艺。

工作后，葛维军除偶尔回老家外，平时基本都在外面谋生、学习。"哀哀父母，生我劬劳"，自打有收入开始，葛维军就定期将收入的一大部分寄回家里，供父母吃穿用度，供弟弟上学，让家里生活不再那么拮据，甚至到他成家以后亦是如此。每逢回家时，父母总会关心他工作、学习的一些情况，也总是教他一些处理问题的方法和做人的道理。

"维军，人这辈子要坦荡、善良，你做到了，生活就不会对你太差。"老父亲的话，葛维军记在心中，付诸行动。

都说父母是孩子最好的老师，这在葛家体现得淋漓尽致。

第三章 甘于苦寂练本领

当我和世界不一样

那就让我不一样

坚持对我来说就是以刚克刚

我如果对自己妥协

如果对自己说谎

即使别人原谅我也不能原谅

......

你不在乎我的过往

看到了我的翅膀

你说被火烧过才能出现凤凰

逆风的方向更适合飞翔

我不怕千万人阻挡

只怕自己投降

自学技术苦练人生

乌云拦住了欲升的朝阳，雾意弥漫。他站在雾里，却不曾迷失方向，心中有光，梦想就是他的拐杖。梦想这个词贯穿在葛维军"不幸"而又"幸运"的生活中。

孩童时期，他梦想甩开拐杖，像其他伙伴一样，蹦蹦跳跳，嬉戏打闹。然而，当梦想照进现实，医疗水平等条件的限制，这个甜甜的梦被无情地扼杀了。

"校'优秀学生'葛维军请到台上领奖！"学校的广播喊出了葛维军的名字。这声音响彻了整个村庄，直达葛维军的脑海。当一个成绩优异的好学生是葛维军一直以来的愿望，这一刻终于实现了。他挂着拐杖，一点一点地挪上讲台，向爱护自己的老师和关心自己的同学，深深地鞠了一躬。

而面对体育课这近在咫尺却遥不可及的快乐，葛维军只能站在远处，欣赏同学们的英姿飒爽。他真想甩开拐杖，自由自在地和同学们一起疯跑、一起跌跤。可是，这些对于普通孩子轻而易举的事，他做不到。他唯一能做的就是挂着拐杖和其他同学一起，早出晚归，好好读书。

在不能如愿上大学的那段人生低俗时期，张海迪的事迹触动了葛维军，他鼓起了面对生活的勇气，燃起了对生活的信心。他立志要以张海迪为榜样，自学成才，成为一个有所作为的人。客观存在的现实已是无法改变的，但他要通过自身的努力来弥补自己一条腿残疾的不足。"健全人能做到的，我也一定要努力做到。"这就是葛维军的梦想。

在大大小小的"不幸"面前，谁又能做到丝毫不气馁、不犹豫、不彷徨呢？因为残疾，葛维军心中一个个美好的梦想被残酷的现实无情地浇灭。靠着强烈的求知欲和抗争命运的勇气，他还是撑着拐杖努力"站"了起来。因为对他来说，挫折过后注定要重新起航。其实，支撑他的岂止是一根单薄的拐杖，还有他那不服输的倔强。不畏困难，顽强努力，刻苦学习，绝不只是说说而已，他用这一份倔强，不断超越自己，扬帆起航。

葛维军自始至终深信："健全人能做到的，我也一定要做到；别人能上大学，我也要上大学；别人能当工程师，我也要当工程师。"于是，他发奋学习，走上了一条自学成才之路。自学路上，他接触的第一本无线电方向的书籍《电工基础》见证了葛维军从初学到入门，再到参透无线电技术的全过程。透过纸张，透过文字，葛维军终于看到了命运为他打开的那扇窗。他努力地看、努力地学，看完一遍要看第二遍、第三遍……书中布满了葛维军记录的密密麻麻的小字。

此后，葛维军一方面与生产队里的老人做些力所能及的农活，另一方面，开始自学无线电技术。亲戚家和他家相距三十多公里，在那个年代，出行很不容易。所以葛维军先将书上的内容

⊙ 2010年冬，县城高中3班同学聚会合影（后排右二为葛维军）

反复学习，常常废寝忘食，碰到问题先自己尽力解决一部分，剩下的再去亲戚家请教。就这样过了三年多，从晦涩难懂的无线电专业课程出发，葛维军自学了该专业大部分课程，打下了坚实的理论基础，同时还钻研了电器维修技术。

葛维军并没有满足于此，而后又通过成人高考全面、系统地学习了大学机械电子工程专业和自动化专业的所有课程，先后获得了西北工业大学机械电子工程专业专科和华东理工学院自动化专业本科毕业证书，圆了他的大学梦。过硬的维修本领，不仅使他成为技能大师，还成就了他的事业梦。

就是这份坚持，让葛维军得以历练："因为文化水平不如人，我要学；因为残疾，我更要学。我要通过自己的努力，来弥补自己这条腿的不足。"学习不仅给了他力量，更给了他自信。

"其实地上本没有路，走的人多了，也便成了路。"葛维军硬生生地从生活的泥沼里爬了出来，走出了一条属于自己的励志之路。

求学之路荆棘载途

当时南通市的新华书店，是当地最大的图书集结地。文学、哲学、历史学、经济学、管理学、工学、农学……各个学科的前沿书籍，这里应有尽有。书店西南角落，是技术类书籍专区。

1981年的夏天，已经踏上自学之路的葛维军决定通过看书继续积累知识、充实自己。他不顾路途遥远，从乡下一路辗转，步行转长途汽车，再转公交车，路途迢迢，终于赶到了南通市的新华书店。

面对琳琅满目的书籍，葛维军左挑右看，可喜欢的书实在太多了，这本想要，那本不舍，恨不得把整个书店搬回家。书店里来来往往的人常常看到一个拄着拐杖的年轻人在柜台前伸长脖子、眯着眼盯着新书栏，"贪婪"地扫视着。久而久之，连书店图书管理员都认得他了。见他视书籍如至宝，图书管理员总会为葛维军"放宽政策"，许他多看一会儿。

本来家里经济就很拮据，身上带的钱也不多，精心选了几本书后，葛维军算一算价钱，如果全买，那么回家乘市内公交车的车费也就花掉了。可是好不容易来一趟城里，少买一本书就等于少学了不少知识。思来想去，他还是把留着乘公交车的五分钱用来买书了。就这样，葛维军顶着炎炎夏日背着书拄着拐杖，硬是一步一步地从新华书店走到了三公里外的长途车站。到车站时，他的衣服早就湿透了，肩膀酸疼。他坐到车上摘下布包，一道深深的勒痕已经渗出血来。他顾不得疼痛，一想到这次能"满载而归"，顿时觉得所有的辛苦都值得了。

后来去书店学习渐渐成了葛维军的习惯，即使是许多年后工作出差期间，只要时间允许，葛维军必去的地方就是当地的新华书店。20世纪90年代，上海的几家大书店开始了敞开式阅读，只要不拿走，可以随便看。这让他在书店停留的时间更久了，甚至在一次为期半年的进修期间，他几乎所有的休息日都在书店中度过。由于是书店里的"老顾客"，他和电子技术专柜的营业员成了朋友。后来，江苏省新华书店总店还给他颁发了"读者俱乐部最佳会员"荣誉证书。

随着学习的深入，葛维军不单单只是买书、读书。为了提高自身的知识水平和业务能力，他还挤出时间自费参加了许多培训班的学习。因为培训班的上课地点离他家比较远，交通不便，他只好拄着拐杖走着去上课，可想而知他付出了多少。酷日严寒、倾盆大雨、狂风暴雪都是他学习路上的家常便饭。

有一次，晚上去上课，恰逢外面刮台风、下暴雨，是那份"坚持"的力量支撑着葛维军，拄着拐杖跑到几里外的地方学习。那天培训班应到学员120多人，而实到学员只有5人，其中就有葛维军。

下课时，已是晚上近十点钟了。葛维军一个人走在路上，不小心摔倒了，雨伞被大风吹走，浑身上下也湿透了，他挣扎着想要站起来，可下一秒又倒在地上，一次次地站起来，又一次次地倒下去。昏暗的路灯下只留下他孤独的影子。都说男儿有泪不轻弹，但那一刻，倔强的他流下了委屈的眼泪。这一路太艰辛了。依旧是那份"坚持"的力量支撑着他，勇敢地爬了起来，坚持走回了家。在狂风骤雨中，他的背影是那样弱小而无力，又是那样执着且坚定。

"天将降大任于是人也，必先苦其心志，劳其筋骨"，就这样一路行走，一路跌倒，再慢慢爬起来，葛维军先后上了二十多个培训班，除无线电、电器维修之外，他甚至打过铁、烧过电焊。他始终认为，多学点知识至少没有坏处。可能有人会问，他的时间都是怎么挤出来的？答案就是，高中毕业后的二十几年里，他很少在晚上十二点之前睡觉，有几年平均每天只睡五到六个小时。在其他人熟睡时，葛维军仍在苦读书。通过夜以继日的学习，知识一点一滴得以积累。他卧室里堆叠的几摞两米多高的书籍就是最好的证明。

积跬步，至千里

除自身的勤学苦练以外，葛维军的工科学习天赋在读书期间就已经显现。对电器修理的浓厚兴趣帮助他一路披荆斩棘。

葛维军在家学习期间，邻居找上门寻求帮助。葛维军询问究竟，原来是邻居家的收音机掉进水缸里了。要知道，收音机在20世纪70年代末、80年代初才走进人们的视野，且要条件稍微好些的家庭才买得起。当时，收音机更是作为社会上流行的"四大件"之一，为人们所青睐。葛维军不仅没修过，连见也很是少见。

虽然没有修过收音机，维修工具也不齐备，仅有几个螺丝刀和电烙铁，但葛维军"初生牛犊不怕虎"，在强烈的好奇心驱使下，他决定动手试一试。受进水漏电的影响，收音机无法正常使用，他将其拆开，准备对内部电器元件一一烘干。但他遇到了第一个考验，有一个云母材料的调谐电容器无法烘干。虽然整个电容器的体积也就两立方厘米，但当他小心翼翼把它拆下来时，发现里面竟然有云母片36个、金属片40个，大小垫圈等一百多个，每个都特别薄、特别小。于是，他全神贯注，记住每个零件的位置和放置方向，将每个细小零件拆分后擦拭晾干，再一一安装，生怕弄错弄反。最后，通过检测各个部件工作情况，确定了短路故障的位置，又进行了重新焊接。奇迹般地，收音机竟然能正常工作了。一个收音机的生命就这样被挽救回来。当葛维军完成工作回过神来，竟然已经用了整整一天的时间。

"人在没有退路时就会孤注一掷、背水一战，因此成功的概率也会大些。"这是葛维军初修机器时的总结，也是对高考落榜后那段不见天日的日子的回顾与释然。

葛维军擅长从细微的生活中品味道理，就拿他每年订阅《电子报》来讲，每周一份报纸，可以说，绝大部分人都能很轻松地利用休闲时间看完。另外，为了收藏和查阅，到年底，报社还会出版合订本，把每张报纸浓缩成A4纸大小，将一年52份报纸装订起来，变成两本厚厚的书。但如果不是每周看一份报纸，而是到年底买合订本看，可能绝大部分人都不可能把书从头到尾看完。因为，人总是有惰性的，略显枯燥的报纸鲜有人能一次性坚持读完。所以，知识是平时一点一滴、慢慢积累起来的，不要小看平时的一点点。如果把我们日常的学习比作数字1，0.99的365次方约为0.025，而1.01的365次方约为37.8。如果我们每天少学一点，长年累月，一年下来可能毫无收获。相反，如果每天多学一点儿，量的积累最后就会产生质的飞跃。积跬步以至千里，积怠惰以至深渊。

⊙ 2014年5月，葛维军（右二）去北京出差时，与北京工作的同学见面

西哲有云:"未曾痛哭长夜者,不足以语人生。"想来,葛维军在那些绝望难挨的日子里,不仅仅看淡了磨炼,更参透了人生。有时候,人生中最艰难的事,恰恰锻造了最强的自己。葛维军这充满辛酸的求学之路,是苦难,亦是磨炼。坚强与他一同成长,拐杖留下最深的脚印,命运的洗礼让他一次次强迫自己蜕变,转眼间,已拥有了飞翔的力量。从"不幸"中来,到"幸运"里去,拨云见日终有时,守得云开见月明。

第四章　历经坎坷意终平

纵使生活千疮百孔，

你也依然在心中坚守希望；

千帆历尽，

依旧心怀赤诚。

你卓尔不群，

遗世而独立。

于是人们也学得你这样，

一半向往美好，

一半包容残缺。

修理技术日益精湛

自学还不到一年，葛维军就掌握了大量的维修理论基础知识。在夯实理论的基础上，他将大量的时间放在实操上。在邮电局工作的一个远房亲戚建议他学习无线电。随后，在亲戚的指导帮助下，他选择了无线电技术方向。在高中时期，葛维军就展现出了执着专注的工匠精神和坚持不懈的学习天赋。他因为好奇把家里的小机械闹钟拆开，在了解内部构造后，又重新装好，使闹钟完好如初。老式机械闹钟内部有大大小小许多齿轮，一个没有任何维修经验的高中生能做到完全恢复，足以见得他卓越的天赋。这或许也是他后来选择走上工科学习道路的原因之一。

刚开始拆卸机器时还不太熟练。葛维军拿着螺丝刀和钳子，小心翼翼地把家里的小机械闹钟拆开。其实，葛维军心里一点儿底也没有，自己的修理经验不多，要知道，弟弟上学和妈妈上工都离不开这个小闹钟，而且对葛家来说，闹钟在当时可是个价格不菲的"大件"，把它"修"坏了，怎么和家人交代？

万事开头难。葛维军只能硬着头皮，在心里告诉自己：只可修好，不能修坏。不一会儿，豆大的汗珠从他额头上滚落下来。他顾不得擦汗，只把目光和心力牢牢集中在闹钟上，时而翻书，时而思考，精心研究闹钟内部零件的构造和排布。用了大半天的工夫，终于把闹钟恢复原样。葛维军看着依旧如新的闹钟，满意地点了点头。

一次，有个好心人介绍说，离葛家大约二十公里远的处在兴仁、四安和西亭三个小镇交界处的地方有家小店面出租，建议葛维军可以开电器维修店。葛维军反复思量：自己是个初学者，只是在家摸过、修过几个收音机、闹钟等小机器，对于大型的电器，除了在书中了解过理论，平时根本没接触过，不怎么会修。这时，曾带他走上无线电之路的亲戚给了他一颗定心丸："你尽管去开店，不会的我来帮忙。"葛维军深感自己在这条路上有贵人相助。于是他鼓起勇气，决定接受这个新的挑战。

在父母的帮助和筹划之下，葛维军把店面盘了下来。屋子不大，除一应俱全的维修工具外，东南角的方桌上摞起来的一本本薄厚不等的书，格外引人注目。

这天，葛维军迎来了自己人生中的第一单生意——修一台收音机。同一种机器的构造虽然是大同小异，但这台机器损坏严重，要想修好，几乎要把所有零件重新组装，再整合到一起。对葛维军这个"新手"而言，还是存在一定难度的。他一如既往地一边看书钻研，一边进行修理，竟然花了整整七天的时间。当收音机被完好地呈现在它的主人面前时，葛维军收到了连连道谢："这是我父亲使用多年的老收音机，老人家怀旧，最喜欢这个物件儿，我本是死马当活马医，没想到葛师傅真把它修好了，这叫我如何感谢你呀！"葛维军不好意思地连忙回应："没事，没事，力所能及……"

渐渐地，大家对葛维军越来越信任。谁家有用坏的机器，不管大小，都放心地交给他修，也不限时间，什么时候修好了，葛维军就叫他们来取。在反复实践中，葛维军的技艺日益纯熟，附近学校和农村广播站也找他来修坏掉的广播喇叭。

原来，这条小街也有一家修电器的，无论是技术基础还是地理位置，都比葛维军的小店面有优势得多。但在不到一年的时间里，葛维军的生意日渐兴旺，远远超过了另一家店铺。他在学习中谋生，也在谋生中学习。如果说他有什么异于常人之处，那就是认真，极其认真。

对于棘手的机器，葛维军总是想方设法地在最短时间内修好，若是不能修出个眉目，他决不罢休，甚至有时连饭都顾不上吃，觉也顾不得睡。

有了这间小店后，葛维军常常因为需要买配件坐长途车去市里。和配件一样吸引他的，无外乎书店里琳琅满目的书籍。有了收入后，葛维军不再像从前那样囊中羞涩，他可以在技术门类新书架上稍微"放肆"一点儿地挑选自己想看的书了。对他来说，没有什么事比这更令人满足了。

葛维军每两周去市里购置一次元件，当然，也每两周买一次书。每到周六来了顾客，看他的小店房门紧锁，邻居们就告诉顾客："葛师傅买书去了，明天再来吧！"傍晚，大家就会看到葛维军拄着拐杖、背着背包欣喜地回来了。他换了新书包，厚厚的、软软的肩带背起来很舒服，肩膀再也不会被布包又细又硬的带子勒出血痕了。

葛维军用乐观的心态面对生活中的苦难时，也用微笑面对电器维修工作。他已经同维修融为一体，不可分割。长年累月地埋头于各种问题机器中，在别人看来是枯燥无味的，葛维军却乐在其中。即使初期经济效益并不好，但他依然相信，难在认真，贵在坚持，总有一天他会看到属于自己的光亮。

第一次到单位工作

一次偶然的机会，葛维军遇到了曾经在培训班一起学习的同学，也是无线电爱好者，在南通市郊区的唐闸镇初级中学校办厂从事电器维修工作。葛维军邀请他去自己的小店里坐坐。看到屋子里堆满了大大小小、各种各样的电器，同学笃定地说："维军，跟我去校办厂吧。"葛维军愣了愣，"我……有资格吗？""怎么没有！你技术好，人品好，到那里工作，不仅能赚钱，还能学习更多技术。"

开店时，葛维军虽然能赚到一些钱，但也是勉强维持生计。他热情善良，和街坊四邻相处久了以后，经常不收维修费，有时甚至还自掏腰包补贴元件的费用。加之他自己一人琢磨维修技术，蜗行摸索，很不容易。更是出于对学技术的渴望，葛维军还是决定去校办厂工作。

　　起初，葛维军作为临时工，待遇很低，有修理的工作才有工资。他住在校内，生意却要靠自己到外面联系。一次，学校坏了一个麦克风，拿给葛维军去修。负责人告诉他，这个麦克风已经使用多年，尽量修，修不好也没关系。葛维军想：这么珍贵的东西，如果修不好，学校就要购买新的，又麻烦又浪费钱。于是他全力以赴，拿出元件，找出所有可利用的工具，开始修了起来。这个麦克风，他用尽浑身解数修了整整一天一夜，最后终于修好了。这期间，他只吃了一顿饭，也是应付了事，仅仅为了填饱肚子。

　　葛维军为人忠厚，做事一丝不苟，修理技术也愈加娴熟。学校负责人看在眼里，很是欣慰，就试着让葛维军独当一面。

　　在学校工作，收入虽然不高，但葛维军能在大量实操中总结经验。这为他后来技术的炉火纯青奠定了坚实的基础。

　　葛维军修理技艺高超，在校办厂工作了一年多。后来，唐闸镇办综合服务部邀请他到商业区开设专门的维修部，用来接收校办厂的对外维修项目。葛维军再三考虑，犹豫许久：他和校办厂的同事相处得十分融洽，校办厂校内人手紧缺，这时候离开，虽然也是为校办厂工作，但多多少少还是有些舍不得。校办厂负责人得知此消息后也是五味杂陈，他来找葛维军说："维军，综合服务部是个好去处，你能有这个机会实属不易。虽有万般不舍，但我不能因为一己私心阻碍你的前程。放心去吧，在那你依然可以为学校修理机器。"

　　葛维军十分感动，在不幸与幸运交错之间，他知道，他遇到太多贵人了。而每次看似偶然的机遇背后，都蕴藏着葛维军一点一滴的汗水和不分昼夜的努力。机会永远留给有准备的人，葛维军对这一点深信不疑。前路漫漫，不进则退，艰难前行的同时，他坚信，山外不再是山，天外是更美的天，穿过荆棘丛后必定是一路繁花。

葛维军从学校搬出来，去小镇临街的店面做对外服务。他晚上住在店里，同时在店里值班看店，持续了将近两年。业务上，他一如既往地认真，一丝一毫都不遗漏和马虎；为人上，他与店内员工和周边邻居相处十分融洽，一个邻居大婶曾评价他："维军这孩子，让人挑不出问题。如果非要鸡蛋里挑骨头，那就是做事太认真，太认真啦。"

在这一年多里，葛维军遇到了自己的初恋。二十出头的年纪遇见喜欢的人，单纯且美好。

这个女孩儿在他隔壁店面从事服装制作工作，对葛维军很照顾。她住唐闸镇郊区，每天白天来上班，晚上回家。一次她值班时，一辆货车拉来一大批货。以往搬运时人多力量大，不一会儿就能卸完车搬进屋里，可今天就她一人，这大大小小的纸箱，让一个女孩儿如何是好？葛维军听到外面有动静，急忙赶出去。"你拄着拐杖不方便，我自己来好了……"葛维军不善言辞，只能把自己内心的想法化为实际行动，一步一步，一箱一箱，把货物整齐地摆放在了店内一角。

葛维军和女孩儿的关系越来越好。她总是鼓励他，夸奖他："你聪明能干，将来一定会有出息的。"周围邻居和同事们都看好他们俩，女孩儿的姐姐和姐夫见到葛维军后也十分认可他。但女孩儿的父亲知道后坚决不同意，有一次在葛维军的工作单位门前，他指着葛维军说："我女儿绝不可能嫁给残疾人！"瞬间，葛维军的心情坠入谷底。这件事对他的打击很大，考虑到女孩儿家庭的压力，他主动提出了分手。

虽然工作上稍微有了一些转机，但是感情的破灭又让葛维军有些不知所措。苦乐交织，大概是许多人平凡而真实的人生。

青春梦圆

1985年是葛维军人生的一个重要转折点。这一年，他破格成为南通技工学校的一名工人，在学校的电器维修部和实习工厂从事电器维修和学生实习指导工作。

也是在这一年，葛维军开启了人生的"幸运"之旅。如果说十八岁没能如愿上大学是青春梦碎，那么这一次，便是青春梦圆。

那时，南通技工学校实习工厂创收，对外成立"南通市技工学校经销修理部"，在接收少数学生实习的同时，也为社会提供家电维修和工业电器维修服务。葛维军的一个亲戚在学校工作，因葛维军本领过硬，便向学校推荐了葛维军。因为葛维军腿有残疾，所以接受的考核难上加难。他通过笔试、技术考试，再到面试，最后到答辩，一路过关斩将，终于成为南通技工学校的一员。

在修理部工作期间，葛维军除进行对外修理服务以外，要指

⊙ 葛维军(左一)指导学生实习

导在校学生实习，也要接受社会人员技能培训，还要对校内实习生产车间生产过程提供技术支持和帮助。虽然起初只是学校的一名临时工，但葛维军忙碌且充实，非常乐在其中。

一次，车间接到电子琴生产的任务。学生安装、调试后需要维修的电路板，每块有大约500个各种各样的电子元件，日积月累，车间需要维修的电路板积压了6000多块。实习工厂的技术人员和校内电子技术实习老师全部投入进去，维修进度依然缓慢，不能满足加工企业的要求。经学校领导指示，葛维军被借调过去帮忙。

葛维军刚到车间工作时，车间主任不了解他，甚至有点儿怀疑他的能力，并没有给他安排具体的工作。开始两天，葛维军只是在旁边看着，到了第三天，葛维军自告奋勇："主任，让我来试试吧。"葛维军如同庖丁解牛一般，娴熟地摆弄着各类元件。一天下来，他维修的电路板数量竟是技术人员的两倍。

此后，葛维军的维修判断速度越来越快，到后来，他只负责检查判断是什么元件坏了，问题在哪里，然后交给其他工作人员去更换、处理和修复。这样一来，从原来一个技术人员每天只能修复约20块板子，到葛维军一个人配几个辅助人员，每天能修复300多块。他一边操作，一边给学生做讲解，他说得最多的一句话是：不怕不会，不会可以学；怕就怕你既不会还不认真学。学生在他的指导和带领下，发觉了电路板的"奥妙"，越修越快，越修越好。大家纷纷称赞，说他一人，甚至可以顶十个技术工人。他修理时的速度与质量，让人叹为观止，连车间主任也对他连连

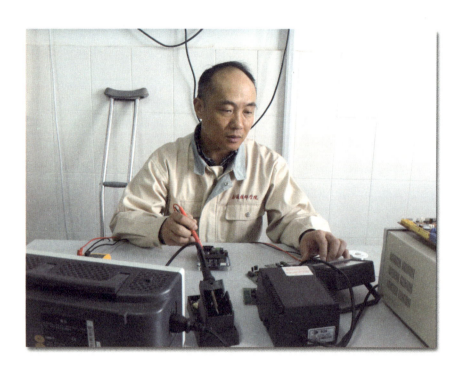

⊙ 葛维军工作照片

称赞。

学生每天走进车间，首先映入眼帘的一定是葛维军瘦弱的背影和他拄杖寻找元件的身影。

进到学校工作后，葛维军深深地意识到，他的确遇到了很多机会和贵人。他想：只有在这个领域好好做，做出成绩来，才无愧于那些对自己有知遇之恩的人。

仰之弥高，钻之弥坚

在维修部工作期间，葛维军比以往更加刻苦。他深知，学校的机器对修理技术水平的要求很高，如果不继续钻研，就会停滞不前，甚至如逆水行舟，不进则退。从开始只学习收音机修理，到后来维修扩音机和音响，从自己学习修理电视机到组装电视机，从小屏幕黑白电视到大屏幕彩色电视，从曲面弧度较大的显像管到直角屏幕显像管，从模拟电路到数字电路……葛维军从未停下脚步，潜心钻研，他常说："社会在进步，科技在发展，不学就跟不上形势，就会被淘汰。只有跟上了时代的步伐，才不至于被甩在后面。"

为了不断学习新技术、新知识，葛维军除了自己买书、订阅报纸和杂志阅读以外，还利用业余时间参加各类培训班。

1993年，上海的一所大学开设了录像机、遥控电视机、音响设备培训班，为期半年。葛维军得知后欣喜不已，这可是个深耕无线电技术的好机会。然而，他当时只是个临时工，学校虽然同意他外出学习，但这半年是不能拿工资的，一切费用学校也均不报销，全部自费。葛维军考虑片刻后决定：去。他拿出这几年攒下的积蓄，一部分照常寄给父母和弟弟，其余的全部用在了这次培训上。

这天，葛维军提着行李包，坐上了去往上海的轮船。轮船呼呼地行驶着，沿途的风景令他赏心悦目。这还是他第一次去上海，他有些兴奋，还有点儿紧张。

安顿好住宿后，葛维军最向往的地方无疑是书店。培训班每周日休息。一到周日，他总是早早起床，乘公交车到地处上海市中心的福州路科技书店。那里拥有上海最全的科技类书籍，而且是开放式的。只要不带走、不损坏，都是无须花钱的。那个年代，开放式售书的模式刚刚在上海出现，葛维军总是在书店还没开始营业时就在门口等着，晚上要待到八点以后才恋恋不舍地离开。从书店到位于闸北区的学校，乘坐公交车大概需要两个小时。葛维军每次回到宿舍，大家基本都睡了。他躺在床上，静静地回想当天从书中收获的新知识，这时的葛维军就像鱼儿遨游在海里一样，尽情地在书海里徜徉。

工作和钻研上近乎执拗的认真，也给葛维军的身体带来了隐患。学习期间，由于食堂维修，同伴们都去外面饭店或小吃店吃饭。葛维军犹豫了，每天吃饭店，开销太大了。于是，前二十天他都只吃一些简点的对付一口，经常饱一顿、饿一顿，有时饭还是凉的，又比较硬，他的胃本就在前几年开修理店时因不能按时吃饭留下了病根儿，这次又不幸犯了胃病。他担心上海看病贵，只去小诊所简单看了一下，又在药店买了些对症的药，勉强维持着。

从上海到南通，交通不便，船票也紧张，每周又只休息一天，而回南通一个来回要两天。葛维军担心影响学习，在这半年内一次都不曾回过南通。

葛维军的胃病一直未能痊愈。每次胃疼时，他就使劲儿喝热水，这样才能稍微缓解一些。直到培训班结束后回南通，他看了一位经验丰富的老中医，吃了很久的中药，胃病才渐好。

2000年，南通技工学校升格为南通技师学院，2004年，与南通职业大学合并。从临时工开始，到计划外合同工，再到计划内合同工、集体编制的工人，一直到事业编制的教师，葛维军用了十七年的时间完成中专生一毕业就能完成的事。或许有人会想，假如他生在城市，假如他不残疾，假如他不是农村户口，假如他当年如愿上了中专或大学，这条路会如此艰辛吗……然而，生活没有假如，现实没有如果，人生这条单行线，只允许我们跌跌撞撞一路向前。尽管艰辛，但这近二十年的拼搏经历给了他宝贵的人生体验。一帆风顺的生活，或许无法成就今天的他。

别人不知道的是，刚到南通工作时，葛维军买不起房子，只得住出租屋。十年间，他搬家七次。有一次，他将煤球炉上装满开水的水壶从公共厨房拎到房间，经过室外过道时突然脚下一滑，摔倒了，一壶开水有一大半都倒在了身上。幸好是在冬天，未有大碍。葛维军扶着墙，艰难地站了起来，想想自己生活的艰辛，他再一次流下了眼泪。

那些苦不堪言的瞬间，葛维军都不曾和父母提起过，即使和父母说了，也只能给他们带来担忧和困扰。他就这样，一个人默默经历着、忍受着，也顽强地抗争着。

第五章　潜心教书静育人

从工人到教师，

从自学到教学，

因为自己淋过雨，

所以想给别人撑把伞。

你是温暖的人，

如晦暗中的一缕光，

照耀在身上，

璀璨在心中。

"螺丝钉拧十遍和五百遍是不同的"

"即使只是拧螺丝钉，我也会动脑筋。一个螺丝钉拧十遍和五百遍是不同的。"葛维军说。

1995年，葛维军成为南通职业大学的一名教师，在学校电器维修部、实习工厂从事电子专业教学工作。

教师和工人，有着本质上的不同。葛维军曾说："从前当工人时，我只需要做好自己手头的事，自己掌握技术就可以了。现在不同啦，我得教学生，不仅要会，还要做得比从前好一百倍、一千倍，这样才有资格教学生，不至于误人子弟。"要给学生一杯水，教师自己要有一桶水，并保证这一桶水永不枯竭。葛维军是这么想的，也是这么做的。

上课时，葛维军从不抱着书对学生碎碎念，而是先给学生推荐专业必读书目，并要求学生定期汇报学习成果。"纸上得来终觉浅，绝知此事要躬行"，有了一定的理论基础后，再让学生立即投身到实操中。因此，他的课几乎全部是在车间上，很少在教室里上。

给学生上课，葛维军也一直保持着他原有的习惯——边翻书边操作。学生还是头一次见到这么特别的老师。几节课过后，就有学生来问："老师，您一边看一边修，这是什么习惯啊？""古人说：'读万卷书，行万里路。'但是你不能读完万卷书才去行万里路啊。我们搞修理也一样，光说不练没用，光练而没有理论基础更不行，边看边练才能如鱼得水。"学生听后若有所思。以后上课，学生统统像葛维军一样，在实操中遇到了问题也不停滞，而是去书中寻找自己想要的答案。学生时而思索，时而操练，课堂好像打破了亘古不变的模式，不再是课堂，是他带着一群孩子交换思想、合作探究、时而开怀大笑、时而埋头钻研的乐园。

由于葛维军专业技能突出，教学成绩优异，学校成立以他的名字命名的工作室——葛维军工作室。这个工作室成了葛维军培养尖兵和带领学生攻克技术难题的园地，也成为葛维军的第二个家。

工作室刚成立，葛维军就带领学生承接了第一个任务。南通中集集装箱有限公司的由美国生产的米勒350自动焊机，由于进购年久，生产商、经销商已不再提供技术服务，39台焊机中有22台因控制系统核心部分损坏而无法修复。公司找了一些工人和企业，不是技术上攻克不了，就是无法在短时间内完成大批量修理工作。听说南通职业大学的葛维军无难不克，公司就找到了他。

葛维军接到任务后，便快马加鞭投入进去。在他的带领下，仅用了二十余天就克服了多个技术难题，将米勒焊机全部修复并投入生产使用。

紧接着，葛维军又迎来了工作室的第二个任务、第三个任务……

江苏大生集团有限公司（简称大生集团）的4台德国生产的多

⊙ 葛维军在工作室门前

尼尔全自动织机，先后因其中的读卡器损坏而停转。大生集团作为南通最大的棉纺织集团，为全国多地提供棉、麻、针织材质的产品，织机停转无疑将带来巨大的损失。在多次邀请德国厂商维修未果的情况下，葛维军带领团队，仅用2天、花费3000多元就解决了这个难题，为大生集团节约了厂商维修所需的数十万元的维修费用。

江苏南通二棉有限公司的3台德国生产的贝林格浆纱机由葛维军带领的团队进行局部技改，每台机器仅花费6万元，实现了服务商开价每台30万元的改造效果……为此，江苏省科学技术协会和江苏省纺织工程学会聘请葛维军为首席专家。能为企业谋发展，为社会做贡献，自己的人生价值得以实现，理想有了归途，葛维军感到十分欣慰。

打过铁，烧过电焊，同街边的修车匠切磋过修车技术……生活打磨了葛维军，也给了他不同于常人的人生经历。从事电器维修行业数十年，对葛维军来说，除了极特殊情况，没有他修不好的电器。他总是想尽一切办法，直至问题解决。面对棘手的问题，他从不轻言放弃。

一个螺丝钉，葛维军能拧几十遍、几百遍，他从来都不觉得什么事情是简单的。滴水之所以能穿石，是因为它数年如一日的坚持。正是葛维军对这些看似容易的、不起眼的小事的坚持，才为他日后成就的一番大事业打下了坚实的基础。

潜心教学

任教期间，葛维军常和学生分享人生经验，强调知识是一天天积累起来的。他用理论联系实际，拿现实生活中的两类人举例，能让学生有更深刻的理解。比如，有两个人毕业后一起进入社会。一个人分配的工作比较轻松，下班后没什么事可做，要么看电视，要么打牌；另一个人却有做不完的事，每天即使下班后也在思考为什么、怎么办。这两个人相比，一两年可能看不出差距，但五年、八年、十年后肯定会有较大差距。一个人第一次用电饭锅煮饭，掌握不好，要么水多了，要么水少了，但第三次总能煮好吧。你做过了，也许就会了，如果不敢做，就永远不会。做了就可能遇到问题，遇到问题就会动脑筋分析问题，直至解决问题。久而久之，做得多了，遇到的问题、解决的问题也多了，你的能力自然而然也就强了。

"教书育人是我的本职工作。"葛维军把这句话放在嘴边，记在心里。

"哎呀！"车间传来了尖锐的叫喊。葛维军匆忙赶到学生身旁询问情况，原来一个男生被电焊灼伤了手。葛维军和几名学生迅速将受伤学生送往校医室。好在伤口比较小，不太严重，只需用消毒水清洗伤口后涂抹烫伤药膏，口服几天消炎药便可痊愈。但葛维军担心极了，每天盯着他服药。"你们都是父母的命根子，受了伤，他们多心疼啊！"葛维军语重心长地说。自此，安全教育就是他教学工作的重中之重。在每个班级上课之前，他都一再强调，无论是现在的学习中还是以后的工作中，都要时刻注意自身安全。

在保证安全的基础上，葛维军对学生的要求十分严格。他强调纪律，让学生严格要求自己，端正学习态度。并且要求学生自己拟订学习计划，然后和同伴一起执行，互相监督。

葛维军的教学内容中最重要的一点是工匠精神。"作者写作以作家的身份审视自己，更能写出好作品；教师把自己当作教育家而非教书匠，教出的学生就不会是只死读书的书呆子；同样，技术工人以工匠的标准来要求自己，技艺就会与日俱增。"葛维军对学生说。他把工匠精神融合到每个年级的课堂中，促使学生在自律中自学，有兴趣地学，有成就感地学。他将班级分成若干个小组，遴选正副组长。同时要求各组长当老师的助手，自己先学会，再去教组员。组长在教别人的同时，也能增长自己的技术水平。通过这种方法，葛维军最大程度地培养了学生的动手能力。对于那些动手能力强、学习能力强的学生，葛维军利用课余时间，带他们到工作室"开小灶"，由此形成老师教学生、学生帮学生的良性循环，促进大家互相学习、共同提高。

从教以来，葛维军不仅勤于自学、善于钻研、勇于实践，而且将自己的实践经验与专业理论知识相结合，探索理实一体化和启发式教学模式，每个班级理实一体化教学周期基本为半学期。每次接到一个新的班级，他都最大限度地调动学生的学习积极性，提高学生的学习兴趣，达到了较好的教学效果。

20世纪90年代，遥控电视机开始大流行。遥控给人们带来了前所未有的方便和快捷。1999年春天，南通饭店客房部有一批电视还未更新换代，到店用户对于无线遥控器操作的体验感极差。而当年，更换新遥控电视机费用是相当高的。负责人找到了葛维军的学生顾建兵，请他帮忙将这批电视机改装成遥控电视机。顾建兵上学时成绩就好，实践也过关，在技术上深得葛维军真传。他从市场找来改装遥控板，按照说明完成接线。可一开机，屏幕全部横条，连图像也没有了。他询问厂家，厂家的回复是，没这款电视机的改装案例。

他一时无解，于是找到了葛维军，在顾建兵想来，葛维军的手是"金手指"，那是无所不能的。顾建兵把电视机图纸和改装说明操作都详细地描述出来。葛维军听后，了解了工作原理和操作方法。他判断："你的操作并没有什么错误，问题出在哪儿呢……"随即，葛维军同顾建兵到现场查看情况，问题确实是存在的，他陷入了沉思。

葛维军端详着图纸，说："可能是信号匹配的问题，但从图纸中又看不出来，究竟是哪里不匹配呢？"他反复问自己。看到顾建兵不知所措的样子。葛维军用坚定的眼神安慰着他，说："放心吧，图纸我带回去研究一下，能够解决的。"顾建兵这时才缓缓吐了一口气，如同吃了一颗定心丸。

三天过后，葛维军拿着电视机图纸，向厂家要了信号类型，用了不到五分钟的时间，重新连接了一根线。这看似不起眼的线连上以后，电视机显示屏竟恢复正常了。客房部经理竖起大拇指，激动地说："葛老师厉害！厉害！"原来葛维军认真分析了图纸，又到学校图书馆查了大量书籍材料，查阅到集成芯片的工作原理及参数。在场的人无不对他赞叹不已。

"虽然我毕业离开学校了，不能时时跟在葛老师身边学习，但每当我在工作中遇到困难，只要找葛老师，老师没有一次推辞，他总是会在我需要他的时候耐心指导我，花时间、花精力与我一起探索和解决。在葛老师的帮助下，我的工作能力提升了很多。"顾建兵曾说。

2002年夏天，江苏省组织开展全省技能比赛。那一年，葛维军的学生张正健21岁，即将毕业的张正健正好赶上了这次比赛。张正健作为专业课课代表，同班长潘靖一起被选拔为参赛选手，并由葛维军亲自指导。从全校选拔赛到南通市选拔赛，再到江苏省比赛，张正健和潘靖脱颖而出。

为了备战省级比赛，葛维军为他们两个制订了一系列"魔鬼式"训练计划。他们二人早早到达训练房，却意外地发现葛老师早就在此等候了。他们坐在教室里，搜集专业的各种资料。葛维军为二人讲解各种知识要点，解决各种疑难杂症。张正健和潘靖经常为了如何将一个故障快速且准确地排除掉而费尽心思，常常专心到忘记吃饭。白天，葛维军陪他们在学校特训，晚上把他俩带回家里继续特训。每每攻克了难关的时候，猛然抬头，时针已

⊙ 葛维军（左四）与同事一起探讨教学方法

指到了午夜十二点。

"那种浑身都充满焊锡丝味道、手被烙铁烫出水泡却丝毫不觉疼的日子，我们一点儿都不觉得苦，反而觉得浑身都充满了力量。"张正健热血沸腾地说道，"因为葛老师比我们俩更辛苦，我们这点儿苦，不算什么。"这种训练状态一持续就是半年，一百八十多个日日夜夜，三人从未休息过一天。

为了找到更专业的图纸，葛维军带着张正健和潘靖坐上大巴车赶往泰州。七八月份，骄阳似火，室外近40℃的热浪让人喘不过气来。葛维军费力地拄着拐杖，穿梭在泰州的大街小巷，汗水打湿了衣襟他也全然不在意，只为帮张正健和潘靖找到那位技术高超的师傅，使他们俩的技术更上一层楼。二十年过去了，张正健每每回想起那个日日夜夜挑灯陪伴他们的人，都能在生活这片荆棘丛中重新找到勇气。葛维军不仅仅是老师，传授知识，更是父亲，呕心沥血，只为学生取得更好的成绩。

这一百八十多天里，无论是技术方法还是心理素质，葛维军都给张正健和潘靖打下了坚实的基础。2020年10月，在与各地区遴选出来的三十几位精英选手同场比武中，张正健不骄不躁，沉着稳定，一步步排除所有故障，顺利完成了比赛。

但潘靖看其他选手一个个胸有成竹，拿出的比赛工具也先进新奇，紧张的情绪就有些压不住了。在一众参赛选手里面，潘靖的年纪是最小的，第一次参加这么大规模的比赛，他的手不由自主地颤抖，虚汗也不受控制地流了下来。由于过度紧张，他在排除故障时不小心自己人为添加了一个故障。在看到其他选手熟练排除的情景时，他的心一下子慌到了极点。不知所措之际，潘靖想到葛老师日日夜夜给他们集训的点点滴滴，他擦掉额头的汗珠，微微闭上眼睛，强制自己平静下来，随即一个故障接着一个故障有条不紊地排除。终于完成了。当潘靖如释重负地从比赛场出来时，葛维军正在赛场出口焦急地等待着。

"怎么样？"葛维军急切地问道。"故障倒是都排除了……"话音还未落，葛维军就欣喜地搓着手说："完成就好，完成就好。"次日得到消息，全部完成故障排除的，只有5人。

这次比赛，张正健和潘靖分别斩获了第一名和第五名的优异成绩。

此后，葛维军又接连指导学生参加省、市和全国比赛，纷纷拔得头筹。他也获得了"江苏省技能竞赛优秀教练员""江苏省技工院校教学名师"和"江苏省技工院校专业带头人"等多个荣誉称号。每每有人问他："为什么你的团队总是这么出成绩？你是怎么指导的呢？"他都谦虚地回答："和我关系不大，我的学生认真刻苦、悟性好，动手能力又强，我只是稍加指点而已……"

静心育人

关心学生、了解学生需求、收集学生对学校和老师的意见及建议，是葛维军在每个班级必做的一项工作。他经常用无记名的方式让学生给他提意见。

"同学们都说我'重男轻女'。"葛维军总是笑盈盈地说。之所以有这样的评价，是因为他在课程之余，总是把脏活儿累活儿交给自己和男同学来做，女同学则只是做一些零散的、轻巧的事务。

遇到家庭困难的学生，他会想办法给予特别的关心和帮助。

曾经有一个叫施萍的女生，家住海门区悦来镇。这女孩儿平时挺活泼的，但听其他女同学说，她经常夜里躲在被窝里偷偷地哭。葛维军曾向其他同学了解她的情况，也未能知其中缘由。一次，葛维军把她叫到办公室，一番询问后，施萍终于告诉了他实情。家里的境况不好，连她的学费都是妈妈在乡办厂打工的同事捐助的。葛维军听后，眉头紧锁。

了解了具体情况后的一个周末，葛维军带上班里的一名男同学一起到施萍家里家访。

施萍的妈妈很瘦小，脸上爬满了岁月的痕迹。葛维军同她聊了许久，随即承诺："孩子上学的费用和思想工作交给我负责。"施萍妈妈感激涕零，不知用什么言语来表达对葛维军的感谢。葛维军只平静地说："教书育人，这是我应该做的。"

往后的日子里，葛维军常常找施萍聊天、谈心，终于，她有心里话也愿意说出来，不再自己偷偷地哭了，学习成绩也迅速提高。葛维军像一位慈祥的父亲，看着自己的孩子一天天阳光快乐地长大。

次年，葛维军要给施萍缴纳学费时，发现已经有人替她缴了。原来，跟他一起去家访的这名男同学，把施萍家里的情况告

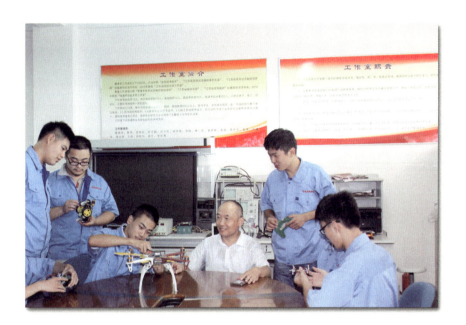

⊙ 葛维军（右三）指导学生制作无人机

诉了自己的家长，男孩儿家长主动提出赞助她。不承想的是，毕业后，男孩儿竟和施萍走到了一起，结了婚，成了家。葛维军作为他们的老师和证婚人，亲眼看着他们一起走进婚姻的殿堂，感受到了莫大的幸福。

2003年"非典"时期，葛维军开始带一个新的电子班实习。他每次接新班教学的时候，第一个作业就是叫每名学生写一张字条给他，上面的主要内容包括：家庭情况、个人理想、对老师的建议等。课后，葛维军仔细翻阅这些字条，其中有一名叫张红的女同学，家住南通市如东县农村，个子不高，学习成绩不错，扫地拖地的动作十分熟练。她在字条上写道：我的爸爸是残疾人。葛维军看到后马上把她叫到办公室。

张红对葛维军说："我爸爸也是右腿残疾，拄着一根残破的拐杖。"葛维军听后，一种同病相怜的情感油然而生。从其他同学那里了解到，因为家庭困难，张红进学校军训的一周里，没吃过一顿饱饭。开学两个月，她吃饭只用了二十几元，每天只吃五角钱一个的饼。

作为南通市残联肢残人协会主席，也作为张红的老师，葛维军觉得帮助她和她的家庭是自己义不容辞的责任。葛维军通过其他同学悄悄地往她饭卡里充钱。"非典"时期，学生不方便出校门，他买了方便面和饼干等吃的拿给张红并告诉她一定要吃饱、吃好。

"非典"好转后，葛维军开着他的三轮摩托车，带上张红，想认识一下那位与他同龄的残疾家长，看看自己能为他们家做些什么。到张红家之后，葛维军心头顿时涌上一股酸痛：三间瓦房，四个角有三个角漏雨，半筐鸡蛋被束之高阁，要等客人来才能吃。张红的父亲握着葛维军的手，颤颤巍巍地说："因为穷，因为残疾，别人都瞧不起我，可我不想让我的女儿也被人瞧不起……"葛维军瞬间泪目，笃定地说："咱们两个有缘，今后你女儿就是我女儿，她的学习、生活和工作都包在我身上了。"

自此，葛维军叫张红每天放学后和周末到自己家陪他女儿学习，这样张红不仅能安心学习，还能吃饱饭了。张红聪明，又肯努力，一直保持着年级前三名的好成绩。葛维军叮嘱她，要在课余时间学点其他技能丰富自己，"机会是留给有准备的人的。"葛维军这句话，张红牢牢记在了心里。

就这样持续了两年多，张红迎来了毕业季。由于她业余时间学习了电脑操作技术，葛维军介绍她到一个进口品牌电器维修中心做文职工作。张红在维修中心工作期间，他告诉张红："不要停下脚步，要一直学习，不断学习……"张红向来听话、受教，她选择了自学日语。

半年后，葛维军的一个同学所在的南通市对外交流中心要招聘一位会日语的老师做助教，葛维军和张红商量了一番，觉得这是一个更好的去处。于是，张红一边自学，一边当起了小老师。

后来一次偶然的机会，南通市一家国有银行要招聘两名柜员，张红和葛维军通了电话，说："老师，我想去试试。"葛维军十分支持她。面试时，负责招聘的部长知道她不但熟悉电脑操作，还会日语，随即就用日语和张红说了几句话，张红一开口就打动了部长，当即就被录用了。

到银行工作后，张红在葛维军的建议下自考了本科学历。2011年，单位有一次难得的转正机会，必要条件之一就是本科学历。张红满足所有的硬性条件，加之她表现好，能力强，成功地转为银行正式员工。葛维军笑着调侃："转正后比我工资还高，真是青出于蓝而胜于蓝。"

张红的父亲从前拄着拐杖到离家两千米外的大马路修鞋，不但辛苦，一年也挣不了几个钱。葛维军引导他饲养波尔山羊。张红家里没有交通工具，葛维军把自己的残疾车送给张红父亲。现在，张红父亲已经是远近闻名的"养羊大户"，家里的条件也更宽裕了，周边的乡民由原来的瞧不起，变为现在的羡慕不已。

葛维军用自己的行动，改变了无数孩子的命运和人生。而他只是谦虚地表示："我个人认为，我对社会最大的贡献，就是我带出了许多优秀的学生。"有一部分和葛维军来往频繁的学生，自进了学校到毕业，再到自己创业，直到现在都没离开过葛维军的支持和帮助。他们有什么问题，无论是工作中的困惑还是生活中的困难，都去找葛维军寻求意见和答案。一日为师百日恩，终身不忘师徒情。无论是谆谆教诲还是严厉鞭策，他的学生都将终身受用。

他的学生刘巍巍曾回忆：

光阴似箭，岁月如梭，回望足迹，二十余年，葛老师，您的两鬓早已斑白，身影也早已佝偻。我不由得想起上学时那段影响我一生的时光。

　　您在课堂上从理论分析到实践运用，哪怕是一颗螺丝钉的拆卸都会耐心、仔细地讲解，时不时还用看似玩笑的社会哲学逗笑大家。实习期间，为了提升我们的实践能力，您风雨无阻地带着我们奔波于各大技术中心。您还时常带领我们做公益，用学到的知识服务小区、服务人民。看着您汗流浃背、弯腰致谢的样子，我在心里暗暗起誓：定不能辜负老师对我的教导和期望。这也是我踏进社会、步入工作岗位后坚持不下去的时候的原动力。很庆幸，我坚持住了，我始终保持着对电子技术行业的热爱，学以致用，回馈社会。葛老师，您对我人生的影响是永恒的，感恩有您。

　　葛维军曾说："当一辈子老师，留下的最重要的就是我的学生，学生是我最宝贵的财富。"葛维军用自己的大半生践履着为人师表的责任、使命与担当。

"特殊"学生的转变

　　葛维军在"对付"那些不太一样的学生方面，也有着十分巧妙的方法。他总是能取得学生们的信任，让那些"大道理"深入浅出。

　　曾经有一名男同学在他的课堂上调皮捣蛋，不认真听讲，也不好好操作。葛维军从不轻易发脾气，只是下课时把他叫到了办

⊙ 2006年，葛维军拄着拐杖徒步登上长城顶峰的好汉坡

公室，询问情况。"我不喜欢学电子技术。"学生淡淡地说。葛维军停顿了一下，问："那你知道自己喜欢什么吗？"那男同学一时语塞，他自己也不知道自己喜欢学什么。"没有认真学，就不能谈喜欢还是不喜欢。或许，你可以试着学，让自己投入进去。如果认真学习后还是不喜欢，那我不再管你。"他意识到了自己先前的错误，默默低下了头。

不出所料，下次上课时，他不再调皮。而是竖起耳朵、瞪大眼睛，认真地汲取着知识。葛维军看到他坚定的眼神，走到他座位旁，轻轻拍了拍他的肩膀，轻声地说："好孩子……"

当然，让人棘手的学生不止一个两个三个。葛维军总是能倾尽耐心，晓之以理，动之以情。

有一个名叫李斌的男孩儿，来自通州区张芝山镇。他自幼丧父，靠母亲一人抚养长大。当时，学校里有所谓的"四大天王"和"八大金刚"，都是老师和同学眼中的小混混，他是"八大金刚"之一。后来不久，那些所谓的"天王"和"金刚"相继毕业或被学校开除，他顺理成章地成了"老大"。不要提学习了，上课不捣乱就是万幸。

轮到电子技术技能实习训练，正是葛维军教他们班。一次，上课时做电子电路制作，李斌出奇地动手操练了，做得还很不错。葛维军当着全班的面，好好表扬了他一番。没想到，就是这样一个普通的表扬，对李斌来讲，却是改变他整个人生轨迹的转折点。葛维军把李斌叫到办公室，想了解李斌的一些成长经历。李斌含着泪说："葛老师，从小到大除了我妈，你是第一个表扬我的人……"葛维军和他聊了许多，聊了许久。李斌做出承诺：从此一定好好学习，不再混日子了。

后来，李斌患了肝炎，葛维军心急如焚，提前到医院替李斌挂了号，又用自己的三轮摩托车载着李斌，找专家给李斌看病，所有医药费都是葛维军付的。即使不是一笔大数目，但想到李斌的家庭根本承担不起，葛维军义无反顾地垫付了全部的医药费。

时间过得飞快。转眼，当年的"老大"、如今的有志青年就要毕业了。李斌拿了第一个月的工资后，买了水果到葛维军家里表示感谢。李斌弯下腰，深深地对葛维军鞠了一躬。葛维军清楚地看到，一滴泪珠从李斌眼里滑落，穿透了空气中的颗颗细小的尘埃，掉落在地，在阳光下泛着亮光。葛维军语重心长地对李斌说："孩子，你应该首先报答把你抚养长大的母亲。"

如今，李斌已经是一家作坊的小老板了。改变，可能就在于一句话、一次爱的抚慰、一个瞬间。

还有一名男生，家住市区。这学生理论成绩在班上数一数二，但技能操作与理论相比，简直是天壤之别。他连扫地都不会，工作服脏了都想不到要带回家去洗。葛维军问他："你在家里都做过什么劳动啊？"他眨了眨清澈而单纯的大眼睛，说："老师，我在家什么都不做，都是我父母做，我只管吃饭、睡觉和学习。"葛维军告诉他回家后，让家长打个电话过来。葛维军告诉家长孩子在学校的情况，要求家长让孩子在家做些力所能及的家务。一个多月过后，这个学生欣喜地跑来告诉葛维军："老师，这段时间我在家帮爸爸妈妈煮饭、洗衣、扫地、拖地，爸爸妈妈都夸我长大啦，能为家里分担了。"学生家长也打来电话说："葛老师，谢谢您，我们意识到了，孩子必须得到全面发展，光会学习是远远不够的，是不足以让他在社会上立足的。"葛维军欣慰地笑了。不到半年，这个学生连买菜做饭都能做得很好了，体质更是比从前强了几倍，在校的实习技能水平也与日俱增。

　　提到许多学生不会做事，葛维军说："这不能全怪学生，相当程度上是因为家长没有给他们做事的机会。比如，许多学生嫌弃父母做的菜不好吃，那就让他们自己买菜自己烧。这样，既锻炼了他们动手实践的能力，又能让他们知道父母十几年如一日做饭的辛劳，是一举两得的事儿，但大多数家长是意识不到的……"曾有一名家长打电话给葛维军，问："葛老师，我们家孩子都上初三了，连杯开水都不愿意倒，这可怎么办是好啊！"葛维军替他想了个主意："哪天孩子有空，你躺在床上装个病，要求孩子做稀饭给你吃，你就躺在床上一步一步教他做，我保证他能做好。"没过几天，那家长打电话过来感谢葛维军，连连称赞这个主意出得好，孩子现在眼里"有活儿"了！

　　"我相信，所有孩子都是美好的小天使，即使他不乖，不听话，甚至不爱学习。关键看你怎么引导他，想不想帮他。"葛维军那颗仁爱的心，使无数学生变成更好的自己。如若没有葛维军的指引，可能他们永远意识不到自己应当迷途知返。葛维军觉得，教师的意义正在于此。

在教书育人的路上，葛维军走得很稳、很踏实，他从不争名抢利。幼年时吃苦的日子造就了他宽厚的品格，对个人得失看得淡薄。他感谢生活赠予他的一切，知足常乐。

第六章 勤于钻研有所成

路漫漫其修远兮,

吾将上下而求索。

你把这句话深深地烙印在脑海里,

用实践证明,

用笃行践履。

锲而不舍,

金石可镂。

你用最初的心,

实现最美的梦。

在实践中开拓

初学维修时，一个小小的收音机，葛维军就修了七天。一边看书，一边查找问题，他仿佛置身于空境，世俗的纷扰统统与他无关。

废寝忘食、勤于钻研是葛维军一以贯之的个性。时代造就了他，他也填补了那个领域和时代。

葛维军从事电器维修工作近二十年。这些年，葛维军在学习书报刊上的新知识、新技术的同时，还将自己的经验进行整理，比如具体操作时的原理分析、对策处理等，向各种报刊投稿。先后在报刊上发表论文、科技类相关文章三十多篇，包括《电子报》《家电维修》《电源技术》《电工技术》《中国新技术新产品》《电子元件与材料》《无线互联科技》等知名期刊。其中一篇文章近2万字，葛维军所在的南通职业大学校刊分六期才刊登完。这篇文章刊登后，学校各个专业的学生听说葛老师又出新文章了，纷纷闻讯而来，争相传阅，认真拜读这篇无论是在理论上还是在实践上都具有重要指导意义的文章，以提高自己的技能水平。

20世纪90年代中期，彩色电视机逐渐普及，生产品牌和厂家随之越来越多。当时，全国已有彩电企业98家，电视机年产量高达3500万台，从乔迁之喜到婚恋嫁娶，彩电成了无数家庭首选的"大件儿"。为此，彩电维修相应地成为炙手可热的行业。

对于从事维修的技术人员来讲，线路图纸、电路原理剖析及疑难故障排除方法是最有用的技术资料。葛维军理论基础扎实，实践经验丰富，加之与各维修服务站点和厂家联系密切，于是他发起号召，用四年时间，先后参与编著了十册电器维修工具书，包括《最新中小屏幕彩色电视机线路图全集》国产篇和进口篇各一册，《最新大屏幕彩色电视机线路图全集》上、中、下三册，以及《新编彩色电视机线路图集》一、二两册，等等，全部由江苏科学技术出版社出版，在全国各地新华书店均有销售。这些书广为流传，是全国此类书籍中最受维修技术人员欢迎的畅销书目。

2001年，葛维军参与编著的全国中等职业学校电子类专业通用教材《无线电基础》及其习题册，由中国劳动出版社出版发行。这本书多次再版，全国技工类院校电子电工专业一直将其作为教材进行使用。

去南京、北京参赛

1995年，首届全国家用电子产品维修技术大赛在北京举行，由国家电子工业部、劳动部、全国总工会和共青团联合成立大赛组委会，负责举办大赛。因为从事电子产品维修的残疾人员比较多，这次比赛中国残疾人联合会也参与组织筹办，并鼓励有能力的残疾人积极参与，在同等条件下同台竞争。各地纷纷举办选拔赛。

南通市准备推荐4名选手参加江苏省选拔赛。由于曾参加过全市的比赛活动，在南通维修行业中技术高超，葛维军顺理成章入围了省选拔赛。

当时国赛用的机型是长虹牌29寸最新功能的画中画电视机，仅各种大小图纸就有近13张，线路也很复杂。长虹彩电进入南通市场销售才一年多，电视机还在保修范围内，除了内部维修站的技术服务人员外，社会上其他维修人员根本没机会接触到。到南京参加比赛前，葛维军到商场看了看机型，借了一份图纸，回家慢慢琢磨，为比赛做了充足的准备。

这次去南京参加的省选拔赛中，葛维军获得了江苏省个人总分第五名、理论成绩第一名的成绩，被授予"江苏省彩电维修技术能手"。据了解，这次参加比赛的选手，有一半是长虹彩电技术服务中心的维修技术人员。获个人总分第一、第二名的是连云港维修站的，第三名是无锡维修站的，长虹彩电进入当地市场比较早，因而他们对这种机型比较熟悉。葛维军在对机型基本不了解的情况下获得了这样的成绩是非常不容易的。而他早就习惯于自学，习惯于绝处逢生，哪怕再艰难，他也会不懈前行，寻找出突破口，开拓出一条路来。

江苏省当年选了前八名选手参加全国比赛，赛前在南京进行五天的集中训练。从那时开始，葛维军才真正接触、研究比赛专用的这种电视机型。这次全国比赛，江苏省队获得了全国团体第三名的成绩，全体参赛选手受到了时任全国人大常委会副委员长、全国政协副主席等中央领导的接见，并与之合影留念。

那年，葛维军三十二岁，第一次去北京，第一次坐火车，很多流程他都不太懂。他自己笑称："真有点儿'陈奂生上城'的感觉。"但那又何妨，任凭谁也不会因此减少对他的崇敬与仰慕。

才三十二岁就成为电器维修行业的佼佼者，在常人眼里，命运的天平仿佛格外偏重葛维军，解决电器的"疑难杂症"得心应手，甚至"病入膏肓"的电器，他修理起来也易如反掌。不了解他的人难免发出刺耳的声音：没上过大学，全靠自学，人家就是有天赋，命好。可他们怎么会知道，这些"得心应手"和"易如反掌"的背后，葛维军付出了多少心酸与血泪。历经病痛折磨、岁月磨打，葛维军比常人多接受了十倍、百倍，最终这些经历不但没有打倒他，反而磨炼出了他的高超技艺。

2002年，国家组织在各行各业中评选第六届"全国技术能手"，这是我国设立的优秀技术工人荣誉称号。葛维军通过学校、市、省层层推荐，最终获得第六届"全国技术能手"称号。江苏省仅两人获评。葛维军因此成为南通地区历史上获评"全国技术能手"第一人。他是全国唯一的从事电子产品维修行业的获评者，也是全国唯一的残疾人获评者。"没有最好，只有更好，要以最好为目标，把每件事做得更好。"这是葛维军经常用来鼓舞自己、勉励学生的话。

在一次演讲中他曾说："我虽然取得了一点成绩，也获得了一些荣誉，然而，回顾自己所走过的路，我没有坐汽车，更没有坐飞机，而是拄着拐杖一步一个'深深'的脚印走过来的。正如一般人走楼梯通常是一步跨一级台阶，而我总是一步跨两级台阶，也只有这样，我才能跟上健全人的脚步，不至于掉队。"是的，他走了这么远，走到此刻，仅凭一条健全的腿和一根拐杖。他执着而坚定地走着，一步一个脚印，丈量着自己人生的长度。他的路比普通人的路更长、更宽，脚印也更深。

电器维修的"大哥大"

"作为专业老师，我在党和政府的怀抱中成长、成熟、收获，理应回馈学校、回报社会。"葛维军心怀感恩，二十多年来，他依托学校，在各级领导的关心和帮助之下，先后为社会培养中级技工、高级技工和技师等高技能人才1000多人，为长虹电器和创维电器等企业和单位的技术服务中心和工业企业培养并输送了一大批维修服务技术人才，为院校培养高技能人才积累了相当丰富的经验。

葛维军始终认为，他作为教师，对社会最大的贡献就是带出了许多优秀的学生。20世纪90年代到21世纪初是家电维修行业最景气的阶段，南通地区各大品牌的家电维修站和技术服务中心的主要技术人员中，相当多的一部分是葛维军的学生。他桃李满天下，带过的学生在电器维修的各个岗位上，为这个行业做着重要的贡献。他们师承葛维军，不仅学技术，更学习为人。为此，人们称葛维军是电器维修的"大哥大"。这个称呼的确贴切，也实至名归。

2018年，首届江苏技能大奖获得者中包括94名"江苏工匠"。葛维军和他的学生黄勇华、赵勇一同获得"江苏工匠"称号，学生黄剑获"江苏制造工匠"称号。坊间流传着"工匠教出工匠，师生同为工匠"的佳话。

葛维军清晰地记得，与他一同获得首批"江苏工匠"称号的他的学生黄勇华，在上学时，利用业余时间骑着一辆旧自行车，葛维军走到哪儿他就跟到哪儿，跟到哪儿，就把"修理部"建在哪儿。葛维军在检修电器时经常向他提出问题，黄勇华几乎对答如流。极少数情况下答不上来，他就立马翻书查找，然后再向葛维军讨教问询。有时，葛维军也让黄勇华自己先动手，有问题再提出来。但他在黄勇华提问之前，会先"反客为主"，反问黄勇华已经做了什么，并引导黄勇华去判断、分析和思考。黄勇华做起事来一丝不苟、精益求精，颇有葛维军年轻时的那股劲儿。

黄勇华在南通技师学院完成三年中技班的学习之后，葛维军给黄勇华推荐了他人生中的第一份工作。后来，黄勇华追随葛维军的足迹，在南通职业大学继续读了高技班。

当然，葛维军的"小跟班儿"还有很多。他们跟随葛维军的步伐，一步一个脚印地认真学习，刻苦钻研。

随着"师生同为工匠"的佳话越传越远，葛维军为地方经济和社会发展培养高素质技术技能人才的使命感也愈发强烈。南通职业大学紧盯长三角区域高端产业，着力打造技术技能人才培养高地。2018年5月，时任中共江苏省委书记的娄勤俭到南通职业大学进行调研，并与葛维军亲切交流，了解技能人才培养情况。2021年，南通职业大学入选"中国特色高水平高职学校和专业建设计划"建设单位。

南通职业大学拥有一支高水平的"双师型"教师队伍，教师队伍有全国优秀教师、全国五一劳模奖章获得者、全国技术能手、享受国务院政府特殊津贴专家，有省职业教育教师教学创新团队、省级优秀教学团队……教师团队两次获得全国职业院校教师教学能力大赛一等奖。同时，南通职业大学大力弘扬以精益求精为核心的工匠精神，推进"正、匠、融、安、家"等"五文化"建设，建成非遗教学工坊两个、技术技能积累中心五个、省级中小学生职业体验中心两个。每年5月，南通职业大学都如期举办"践行工匠精神活动月"，组织"劳模工匠进校园""人才培养成果展""师生技能比赛""非遗技艺体验"等系列活动，有力地推进了工匠文化的传承创新。

多年以来，葛维军和南通职业大学同成长、共进步。南通职业大学取得的这些成绩令他十分欣喜。

⊙ 葛维军（左一）在电器维修站指导毕业生工作

第七章　长风破浪会有时

你精进不休，

几十年如一日。

你走过的地方，

留下的足迹，

如果太阳有记忆，

山川湖海皆为证。

以工匠之道，

塑造非凡品质；

以工匠之魂，

夯实事业根基；

以工匠之心，

感恩时代深情。

百炼成钢，

你傲然挺立，

如青松挺拔，

如翠柏常青。

以科技回馈社会

21世纪初，葛维军深刻地意识到了科技的重要性。创新不能凭空制造，不能信手拈来；创新没有时段，不分领域。葛维军从细小的事物里、从细微的生活中挖掘创新点，开拓新领域。

葛维军利用工作室平台，凭借自身的专业知识和技能，带领教师和学生团队，完成企业设备技术改造项目数十个，累计维修各种自动化设备、专用控制电路板5万多台（块），获得国家发明专利和实用新型专利共9项，主持实施校企合作技改项目40多个，为社会解决技术难题百余起，为企业设备维修与技术改造及地方现代服务业的发展做出了很大的贡献。这些数字，既是葛维军从业以来勤恳工作的见证，也是对他在维修行业开拓进取的有力肯定。

2004年，在无任何技术资料、技术难度升级的情况下，葛维军带领学生完成南通市汽车模拟驾驶训练设备的搬迁、安装、调试和维修项目。他们仅用50天时间，花费2万元便完成项目的所有工作，使20世纪90年代初从美国进口的总价值600多万元（报废价仅1万元）的设备全部恢复正常运转。而之前该套设备请服务商搬迁过一次，仅拆卸、安装费用就高达15万元。葛维军以高超的维修技能，为企业节省了一大笔费用。

2008年，根据南通棉花机械有限公司新型棉花液压打包机中主要部件——"油缸"的生产加工需要，解决油缸焊接的技术瓶颈。葛维军带领团队，仅用48天，通过校企合作完成油缸自动焊接专机的开发项目。葛维军及其团队设计制作的自动焊接专机，采用多个焊缝同时自动焊接的方法，每个焊缝一次性连续完成焊接，确保了油缸的焊接质量，彻底解决了手工焊接存在的不牢固、易开缝的质量问题，大大降低了生产成本和工人劳动强度，将生产效率提高了十倍以上，为年产值数亿元的棉花打包机的生产解决了关键技术难题。该项目获得南通市厂会合作优秀项目。

针对工业企业的自动化设备电器控制系统维修难，特别是核心控制部分维修难的社会需求，葛维军带领教师作为后援团，指导毕业学生团队，创办了工业自动化有限公司，专为工业企业解决电器设备难题。公司成立7年多以来，与南通市及省内外400多家工业企业建立了良好的合作关系，为工业企业解决了大量技术难题，成为南通地区最具规模、最有影响力的工业电子自动化设备维修与技术改造领域的现代技术服务型企业，赢得了广泛的社会赞誉，受到省市领导的高度评价，并在中国纺织工程学会科技研讨会上做经验交流。为此，葛维军被评为"南通市优秀科技工作者"，被江苏省纺织工程学会聘为"新型纺织设备故障处理首席专家"，江苏省科学技术协会原常务副主席张铁恒亲自到南通市为他颁发了江苏省首张学会选派企业的"首席专家"证书。

2018年年末，葛维军荣获第六届"黄炎培职业教育奖杰出教师奖"。在全国上下认真学习贯彻全国教育大会精神之际，由中华职业教育社举办的第六届黄炎培职业教育奖颁奖大会在北京隆重举行。"葛维军今年五十五岁，出生十四个月时，因患小儿麻痹症，致使右腿残废。他曾被高校拒之门外，但却凭借自己的不懈努力，拄着拐杖走出一路精彩：从一个农民临时工，一步步走上教学岗位，成为'江苏工匠'、正高级讲师、享受国务院政府特殊津贴专家……"颁奖现场讲述着葛维军的人生经历。"黄炎培职业教育奖"代表了我国职业教育界的最高荣誉，葛维军深刻地认识到，自己绝不能止步于此。日后，在教学上他要践行使命，勇于担当，为培养职业教育人才做出更大的贡献。

2019年4月，江苏省教育科技工会副主席孙焱等领导来到南通职业大学，为"葛维军工作室"荣获首批江苏省教育科技系统"示范性劳模与工匠人才创新工作室"授牌。江苏省22个获奖单位中，"葛维军工作室"是南通市唯一获此殊荣的高校工作室。推动创新、引领创新一直是葛维军带领工作室执行任务的初心和使命。

在学校，葛维军还担任自动化技术研究所所长，兼任南通市纺织工程学会机电空调专委会秘书长，受聘为多家企业的技术顾问。即使这样，葛维军也从未停止前进的脚步，他不断学习，不停地给自己充电，他曾对学生寄予希望："希望每天学习一点点，收获一点点，进步一点点。每天进步的这些'一点'，日后将积蓄巨大的能量。"

上课时，他对学生耳提面命："当今社会科技发展日益迅猛，你们必须自觉学习、主动学习，多读书，精于技能，养成良好的学习习惯，这样才能适应时代发展，做一个合格的、不被社会淘汰的技术工人。"

回望来时的路，一步步都记录着葛维军辛勤的汗水和不计回报的付出。无论是面临荆棘痛苦，还是荣誉满身，他总是那样平静，那样淡然。因为他清楚，技术报国的路就在脚下，前路仍漫漫，他要用余下的生命进行更深的探索和更大的开拓……

扶残助残

2018年开始，葛维军挂职南通市残疾人联合会副主席、副理事长，兼职南通肢协主席。此前，他还是中国残联第七届主席团委员、中国肢残人协会委员。他在协会以励志为主线，鼓励推动南通市残疾人进行驾驶培训，并第一个拿到残疾人驾驶汽车的C5驾照。积极组织有驾照的残疾人成立车友沙龙，组织残疾人企业家成立联谊会，通过组织励志征文及演讲竞赛等形式，挖掘励志典型，聚集肢残精英，影响、带动更多肢残人参与社会、融入社会，鼓励他们就业、创业，让他们自信、自立、自强。同时，响应党的十九大"弱有所扶"的号召，指导成立南通残疾人联合会第一个公益组织——励志助残服务中心，与江海志愿者总站联系组建助残志愿者服务队扶残助残。作为市政协委员，他还撰写提案积极推动残疾车辆置换、残疾人免费停车、无障碍环境建设等

⊙ 葛维军带领学生参加学雷锋活动，义务为社会维修家用电器

助残、惠残措施的出台和落实，积极推动残疾人事业全面发展。他也发挥自身的技术技能优势，作为教练，亲自指导残疾人参加省职业技能比赛。

通州区西亭镇有个叫李建的残疾人，他十三岁时因车祸导致胸部以下截瘫，已卧床十四年，只有双手和头可以动。李建受尽病痛的折磨，本该自由自在的花样年华，却被一场车祸永远地禁锢在了床上。2000年的一天，他从收音机的报道里听说并了解了在南通职业大学工作的葛维军，于是抱着试试看的想法，写了封求助信，希望能学点什么。葛维军请人驾驶摩托车，载他去距离市区50多里地的李建家。走进李建家时，葛维军看到李建瘦小不能动弹的身躯、一贫如洗的家和年迈的双亲，心里很不是滋味，当时就决定要帮助他。

李建为人踏实认真，又忠厚朴实，俩人很能聊得来。葛维军给他买书，帮他联系镇、区残联和民政部门。这些年来，葛维军已经记不清去了李建家多少趟。一次，葛维军问李建："你现在最想要什么？"李建想了想，回答："听说现在有电脑可以上网，如果能有一台电脑的话，我就能学到更多东西。"葛维军点了点头，承诺想办法解决。"如果实在解决不了，就把我的电脑给你用。"通过多方努力，通州区政府办公室的工作人员送来了一台崭新的电脑和电视机，网络费、有线电视费全免。李建和父母泪水涟涟，紧紧地握着葛维军的手，赶忙道谢。

有了电脑以后，李建的精气神比以前好多了，他申请了自己的QQ账号，通过QQ联系商家，给商家做客服料理淘宝生意。后来李建同葛维军说，想用在网上学到的知识指导父母种葡萄。葛维军帮他联系了通州区三余镇一名全国闻名的"葡萄大王"曹先生，几经辗转要来了优良的葡萄种子，李建就开始指导父母种起了葡萄。从下种、施肥、授粉到采摘、剪枝等各个环节，李建简直就是一个躺在床上的技术员。在他的影响和带动下，附近的村民也开始种葡萄。有一年葡萄大量上市时，葛维军得知李建家葡萄销售困难，于是组织自己的朋友和单位的同事，集体到李建家买葡萄。同时建议李建："葡萄一旦滞销，赶快酿成葡萄酒，销路我来解决。"

就这样，葛维军认识李建的二十年间，先后帮助他解决了一个又一个困难，使他鼓起了好好生活的勇气，树立了对抗挫折的信心。葛维军不仅安抚了自己，也安抚了人间荒芜。

一次，李建的父亲对采访的记者说："没有葛老师，我儿子活不到现在。"一句再质朴不过的话，道出了老父亲的心酸，更将他们一家人对葛维军的感恩表达得淋漓尽致，触动人心。

走进中小学课堂

从艰难的境遇中走出来，葛维军做到了不负自己、不负年华。他将命运的船舵牢牢掌握在自己手里，一步一步将儿时的遗憾填补，将年少的梦想变成现实。

2022年5月19日，葛维军作为南通市优秀残疾人代表和全国自强模范，受江苏省教育科技工会邀请，为全省中小学师生网络直播，讲述他的励志故事。他坐在讲台前，一身素净的西装让人看不出他是位科技能手。

"孩子们，你们说，如果一个人只有一条腿好使的话，那他怎么走路啊？"一个小男孩儿不假思索地大声回答："蹦着走。"这个回答引得其他小朋友捧腹大笑。"答得好。"葛维军又笑着反问他，"但如果那条腿永远都不好使呢，总不能蹦一辈子吧？"孩子们逐渐静下来，一张张稚嫩的小脸儿上，流露出若有所思的神情。

"孩子，上天只给了我一条好使的腿，但我拥有了最好的助手——拐杖。这样我就可以和健全的人一样，去到南通的每个角落，走遍祖国的每个地方。只要相信，就没有什么是不能的。"葛维军将他年幼患病的经历向师生道来，在场的人眼眶都湿润了。

葛维军用四句话和两个字来概括他前半生的体会。

"认准目标，不懈努力。"葛维军始终教导学生，要立足岗位，脚踏实地，从基层做起，朝着既定目标去努力。

"谦虚谨慎，学无止境。"面对日新月异的科技，面对激烈竞争的市场，葛维军认为，只有不断学习新知识、优化知识结构，把学习贯穿于自己的一生，才能适应时代发展的需求。

"勇于吃苦，甘于奉献。""不怕苦、不怕累，有一颗乐于奉献的心是我们这行不可或缺的品质。"从踏进这个行业那天起，葛维军就践行着这个承诺，并将用一生来继续兑现。

"善于总结，不断提高。"每天学习一点点，收获一点点，进步一点点。请相信，若干年后一定可以成为一个优秀的人。

"这句话是我QQ里的留言，也是我一生的总结。我每天晚上睡觉前总会想想，我今天做好了什么，还有什么没做好，明天要做什么。"这已经成为葛维军的习惯。

另外的两个字是"认真"。"没有最好，只有更好。我们要以最好为目标，努力把每件事做得更好！"

一路坎坷，一路奋斗，一路激励，一路精彩。葛维军让我们明白，不管是健全人还是残疾人，只要心中有梦，即便是拄着拐杖，也一定能走向希望、迈向成功。

⊙ 葛维军指导学生实习

第八章　一生一代一双人

一生长路漫漫，

你们安暖相伴。

纵使平凡，

也是浪漫。

岁月悠悠，

你们风雨同舟，

相濡以沫。

往后的半生，

不羡鸳鸯不羡仙，

只执子之手，

与子偕老。

共笑语，话平生

"她聪明、贤惠、能干，能娶到她，我还挺有福气的……"葛维军不善言辞，更不会编织花哨的语言。但提到妻子，他那样真诚地夸赞她，赞美之情溢于言表，脸上洋溢着幸福的笑容。

葛维军的妻子时娟在南通根生土长，是一个温婉美丽、小家碧玉的江南女子。在葛维军后来的人生经历中，时娟作为贤内助，给了他莫大的鼓励和支持。她用自己勤劳的双手，守护着葛维军的事业和家庭，也用柔弱的肩膀，为葛维军撑起了温暖湛蓝的天空。她真诚且善良，平凡而伟大。

时娟的娘家在葛维军早年开维修部的附近。葛维军经常为时娟家修理电器，一来二去，就同时娟和她的家人彼此熟识了。那时年纪小，二人只以兄妹相称。

2005年，葛维军和时娟正式结为夫妻。刚结婚时，葛维军和妻子出门逛街，叫她离自己远一点，保持距离，免得别人看见有疑问：怎么和腿有残疾的人结婚呢？时娟知道了他的顾虑后，再出门时，直接拉着葛维军的手，遇到同事、朋友还要极为正式地向他们介绍："这是我爱人，葛维军。"很多人了解到葛维军取得过那么多的成就，对他满是敬意。葛维军先前的顾虑顿时烟消云散。他如今的乐观和自信,有相当一部分都是时娟带给他的。葛维军当即暗下决心:一定要给妻子更好的生活,让她幸福。

婚后,葛维军忙于事业,在工作与家庭之间分身乏术。时娟主动承担起家里琐碎的日常事务;在葛维军忙得不可开交时,她守在家这个后方,尽自己所能,帮葛维军减轻负担。

"她对我父母和弟弟,比对我都好。"葛维军似有醋意地笑着说。同样,葛丁武和陈金美对儿媳时娟的好,甚至也超越了对待自己的儿子。逢年过节,时娟和葛维军一起回老家,父母的吃穿她全部包揽,大到家用电器,小到衣帽鞋袜,时娟都精心地为他们挑选好。有时葛维军工作忙,她就自己回到老家,洗衣做饭,没有她想不到和做不到的活儿。"一个出生在城市、从小在城里长大,连稻子、麦子、韭菜都分不清的女孩儿,从不嫌弃我老家的农村生活。"葛维军感慨着。

有一次,葛维军和时娟吃过晚饭后,开车回老家给父母送吃的。到家后,时娟看到婆婆躺在床上有些不舒服,她立刻为婆婆把吃的东西准备好,端着碗喂婆婆吃饭。全家人都被这一幕感动了,婆婆潸然泪下,激动地说:"小时,我虽然没有亲生女儿,但你比我想象的亲女儿还要亲啊……"

时娟动作麻利,干活快,烧菜也好吃。每逢节假日,不管多少人,只要她在,烧菜做饭都是她一力承担,葛维军和弟弟想和她一起分担,她总是笑着说:"你们兄弟几个陪爸妈,厨房就交给我吧!"他们就只能打打下手了。一大家子回家,十几个人的饭菜基本都是她一个人在忙活,她一边烧菜一边让家人先吃,等大家吃了大半后她才坐到桌边吃。她吃得快，等家人们吃完了她基本也吃好了，又开始收拾碗筷。只要她在，就基本不需要其他人做什么，两个弟媳也只能默默地当助手。

葛维军老家周边的邻居也都喜欢时娟，曾经有一个大婶说过："我儿子娶的媳妇，要是能像时娟一样就好了。"在大家眼里，时娟就是那个近乎完美的人。

在家，时娟悉心地照顾儿子和女儿。她更像是他们的朋友，能谈天，也能话地。儿子阳光勇敢，女儿温暖聪敏，他们在母亲爱的熏陶下茁壮成长着。

结婚十七年以来，夫妻二人从未拌过嘴、吵过架。于葛维军而言，如果说父母是他年少时的精神支柱，那么妻子时娟一定是他整个后半生的力量源泉。

每个成功的男人背后，都有一位的默默付出的伟大女性。时娟对葛维军的爱和关照，充分诠释着这句话。他们在陪伴中照亮着彼此，温暖着彼此。

时间不语，细水长流

时娟的善良，不仅体现在对家庭、对爱人的照顾上，更体现在对他人、对社会的爱心上。

自2017年退休后，时娟就帮助葛维军开展扶残助残活动。她

⊙ 时娟陪同葛维军出席第六次全国自强模范暨助残先进表彰大会

常说："残疾人很不容易，只要是我能参加的活动，都要去参加。作为维军的陪护也好，做志愿者也好，总之就是想为他们尽一份力。"实际上，每次活动时，时娟在照顾葛维军的同时，还要去帮助比葛维军更困难、行动更不便的人，她身上背的、手上拿的，全部都是大家的背包和衣物。

2022年8月，第三届全国肢残人轮椅马拉松健身赛在长沙橘子洲景区举行。葛维军作为江苏省肢残人协会副主席，带领三名队员到长沙参赛。时娟得知后，要求陪同葛维军一起去。"我自己没关系的，日晒雨淋的，你就别去了。"时娟语重心长地说："上次出门跌的跤你忘记了吗？你不让我跟着，我会整天在家提心吊胆的。再说，我去了刚好帮帮参赛的人。"原来，时娟的担心不是没有缘由。上一次葛维军只身出远门，左手提着行李箱，右手挂着拐杖，很是不方便。恰逢当天下雨，下扶梯时行李箱一滑，连人带着整个箱子从扶梯上滚了下去，万幸的是人无碍，也没砸到别人。有了这次经历，时娟怎么能放心他一人出远门。夫妻二人收拾好行囊，便踏上了去往长沙的路。

参赛的运动员们，基本是下肢残疾，只能靠双手转动轮椅的轮子前行。葛维军协助组委会完成比赛相关事务，时娟担心队员参赛路上遇到困难，就跟着他们一路小跑。可是轮椅滑行起来速度并不慢，刚开始的时候，时娟紧追慢赶还能跟上，赛程越远她越体力不支。但她惦记着队员们半路需要些什么又找不到帮忙的人，只能强行跟着跑，实在跑不动了就坐地铁，和队员们在中途卡口会合，给队员们拍照留念……

到终点时，时娟已是满脸汗珠，衣衫也被汗水浸湿了。她跟跑了整整七公里。葛维军赶忙过来，心疼中略带责备地说："叫你不要来，来了就受累。"时娟气喘吁吁地笑着对丈夫说："哎哟，我从来没跑过这么多路嘞！"随即拿出手机，"你看他们笑得多开心哪！我这一趟算是没白来。"

时娟就是这样，心地善良柔软。只要看到有困难的人，就总想伸手帮一把。特别是对于残疾人群体，她的悲悯之心表现得更加强烈。

善良是天性、是品行、是修养，也是胸襟。葛维军和时娟彼此影响着、传递着、散发着取之不竭的正能量，这是何等可贵！善良遇上善良，便是这世上最美的邂逅。

第九章　劳模精神永传承

工作岗位上，

你坚持、坚守，

数十年如一日。

爱岗敬业，

报国奉献，

是你的座右铭。

生在匠人之国，

你在民族辉煌匠人史上，

留下了浓墨重彩的一笔。

风雨一路沐党恩

　　回首前半生，葛维军把人生中最好的年华都奉献给了无线电事业，奉献给了课堂和学生。即使右腿不便不允许他长时间站着讲课，但只要还能站住，大多数情况下，他都坚持站着授课。讲台上，教室里，那个挪动的身影，仿佛一个跳动的音符，时而高昂，时而深沉。他的脸上永远洋溢着笑容，就像从前面对各种困境时一样，从容面对。

　　2018年4月，葛维军获得了全国五一劳动奖章。向葛维军询问成功奥秘的人不在少数。但他从不居功自傲，只谦逊地说："我赶上了好时代，党和国家培育了我，工会给了我细致入微的人文关怀，学校给我提供了好平台，我理应在我所在的岗位上发光发热，为祖国建设和省市建设贡献一份微薄的力量。成功没有奥秘，也没有捷径，唯有认真和勤奋。"

　　2018年9月，葛维军作为南通市唯一的代表出席中国残疾人联合会第七次全国代表大会。

　　步入人民大会堂那一刻，葛维军的眼眶湿润了。他回想着来时的路，沐浴着党和国家的关怀，在五星红旗下逐渐成长起来，

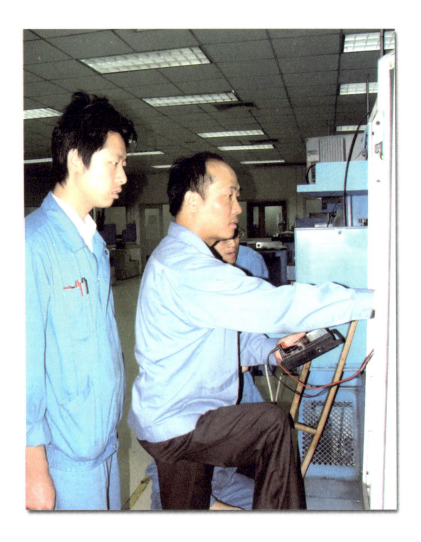

⊙ 葛维军在工业企业指导毕业生工作

这是怎样的幸运。那一刻，他内心激动无比。

"我作为本地唯一的一名代表，参加此次大会感到无比荣幸，同时也深感肩上担子和责任重大。习近平总书记等党和国家领导人进入会场的那一刻，全场响起雷鸣般的掌声，我在激动中感受到了巨大的幸福和荣耀。"

会议上，葛维军积极发言。作为中国残疾人联合会第七次全国代表大会的一名代表，他将此次大会的精神融入工作、植入内心："坚持眼睛向下，立足基层，面向群众，多为残疾人做雪中送炭的事，及时将党和政府的温暖传递给残疾人，使残联组织和残疾人工作者真正成为残疾人信得过、靠得住、离不开的娘家人、贴心人，为家乡残疾人事业新发展做贡献。"

2019年9月，葛维军受邀参加南通开放大学"把一切献给党——劳模精神进校园"活动，为新生做主题宣讲。

"同学们，思考一下，我们为什么要劳动？"他停顿了一会儿，接着说，"人总是在不断追求未知事物的过程中进步的。如果说自给自足就完全能满足人类，那自然不会有一个民族的觉醒、科技的进步和社会的发展。劳动的意义，贵在让人身体力行，去丈量物理和心灵的世界。"

葛维军激励学生爱岗敬业、精益求精、报国奉献，赢得了在场师生的阵阵掌声。

葛维军一直保持着读书的习惯。从前读无线电方面的，现在也读党史。每当他技术钻研遇到瓶颈时就会想，中国共产党在浙

⊙ 葛维军在全国五一劳动奖章表彰大会现场

⊙ 葛维军在北京人民大会堂参加中国残疾人联合会第七次全国代表大会

江嘉兴南湖的一条小船上诞生,从一穷二白到巍然挺立,这是多么顽强和伟大呀!每每想到这儿,葛维军就不觉得自己面临的问题是难题了。

如同风雨里求索的共产党人一般,逆境中成长起来的葛维军顽强、坚毅。"我的所有过往和经历都是财富,如果没吃过苦,我不足以对抗生活中的困难。困境带给我的成长,我将一生受用,视若珍宝。"他云淡风轻地说着。

不忘初心守匠心

葛维军将"爱岗敬业、争创一流、艰苦奋斗、勇于创新、淡泊名利、甘于奉献"的劳模精神内化于心、外化于行。

上课时,葛维军给学生讲过一个故事。一家企业进口了一批外国高端设备,到厂之后,工人们望着这些机器,面面相觑。他们谁也不知道怎样使用,在机器打开的状态下还是无法正常运转。厂里找了许多技工,谁也看不出问题所在。经历了一番波折后,他们请来一位具有丰富维修经验的老维修工。老维修工只拧了一个螺丝钉,机器就嗡嗡地运转起来了。老板立即付给老维修工一千元,在场的人都目瞪口呆。"拧一下螺丝钉就好了,这太容易了!"大家七嘴八舌地议论着。老维修工说道:"拧一下螺丝值一元钱，知道拧哪根螺丝值九百九十九元。"大家沉默了，谁也说不出反驳的话。

葛维军继续说："咱们或许成不了科学家，但一定要把成为一名匠人作为自己的初心和使命。有匠心、守匠心的技术工人，同样能为社会创造大的价值。"学生频频点头。

当今社会，许多人追求"短、平、快"，热衷于投资少、周期短、见效快带来的即时利益，从而忽略了内在的品质和灵魂。"越是这样，我们搞技术的就越要守住这份工匠心，坚定不移地继承和弘扬工匠精神，才能在长期的竞争中获得成功。企业需要这样的人，全社会都需要这样的人。"葛维军做到了，他专注做一行，一做就是大半生。

从业数十年，葛维军秉持着"机器虐我千百遍，我把机器唱成歌"的情怀，不断地摸索，不断地磨合。机器出故障时，即使行动并不灵便，他也总是在自己能力范围内，以最快的时间赶到现场查看情况。可贵的是，纵使迎日出、送晚霞，他也丝毫不觉得这是一种负担，而是当作储备经验的大好机会。每次维修后葛维军回到家，都要在名为"故障本"的一个大厚笔记本上记下当日的问题，以便日后翻看和总结。笔记本用完了一个又一个，只有"故障本"陪伴了他岁岁年年。

正如《诗经》所说：有匪君子，如切如磋，如琢如磨。葛维军在工作岗位上不仅钻研技艺，也在切磋、磨砺中修身养德。在中华民族五千年的历史长河中，一代又一代工匠前仆后继、孜孜不倦地塑造匠心,从而追求"技道合一"的境界。他们把对技艺的磨炼、对生活的感悟、对社会的体察,熔铸于万千匠心所形成的工匠精神,才创造出了光辉璀璨、源远流长的中国科技文明。葛维军时刻不忘"技道合一"的匠人精神,在他看来,如果有技无道,即使能够有所成就,也必是短暂的、走不长远的。

"江苏工匠"是江苏省技术技能人才的最高奖项,葛维军作为获得者,戒骄戒躁,脚踏实地,不忘初心,始终牢记自己的责任与担当。2018年获得"江苏工匠"的荣誉后,他笃定地说:"党和政府给予我如此之高的赞誉和认可,我更要传承匠心,让工匠精神薪火相传、生生不息!"

咬得菜根,百事可做

在信息技术极为发达的今天,葛维军利用互联网优势,在科技创新领域不断挖掘和探索。他主持科技项目"基于IC卡与物联网技术排污及污染物总量控制系统的制作方法"经省市鉴定验收,获省"高新技术产品"认定和"环境保护推荐产品",并被江苏某公司作为主打产品投入市场。与此同时,葛维军主持的市级科技项目"基于物联网的现代农业远程智能控制系统"和他参与的南通市科技计划项目"基于物联网技术的污染物处理过程动

⊙ 葛维军（右二）指导学生进行实操练习

态监控系统的制作方法"获市科技局组织的鉴定验收。

近年来，工作之余，葛维军喜欢静静地坐在书房，读作家史铁生的故事。"年事已高，开始喜欢思考了。我和史铁生的人生经历在某些方面是相通的。"葛维军这样说。

史铁生在《我与地坛》中表达了对人生和生命的哲思与感悟，让葛维军回想起当年因残疾导致高考落榜的往事。"我万分庆幸自己当年没有消沉、没有放弃，庆幸自己从绝望中寻找到了希望。"葛维军的思考不断深入，跨越深渊幽谷，一直探寻生命的意义。

作家曹文轩曾说："史铁生曾经自嘲'被种在床上'，这句话中充满了磨难和自我调侃。几十年病痛对他的折磨远远超出我们的想象和承受力，这种磨难早已融合进他的思想和灵魂。"葛维军又何尝不是呢？他曾说："从生于贫寒家庭没能上大学的残疾人成为大学教师，从专业教师成为首席专家，我这条路走得很难、很苦。一路追梦，一路坎坷，我付出了常人难以想象的汗水。"且将苦痛的过往踩在脚下吧，漫漫征途，葛维军的人生必定愈加璀璨生辉。

纵然儿时度日艰难、被病痛折磨，但葛维军从未放弃对未来的希望和畅想。右腿幼时基本失去功能，全靠一条腿站立，外加一根拐杖行走。好的腿长年累月负重前行，也提前老化，走路走多常常感到酸痛，冬天、阴雨天疼痛尤为剧烈。即使病痛不允许他久站和频走，他也在能坚持的情况下，用顽强的意志支撑自己，站着给学生上课。

　　咬得菜根，百事可做。葛维军几十年如一日，勤学笃实，厚积薄发，桃李天下，成就累累。这是上天对勤奋的人最好的回馈。